新・教職課程演習　　第13巻

初等算数科教育

筑波大学人間系准教授　蒔苗　直道
広島大学大学院教授　松浦　武人　編著

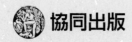協同出版

刊行の趣旨

　教育は未来を創造する子どもたちを育む重要な営みである。それゆえ，いつの時代においても高い資質・能力を備えた教師を養成することが要請される。本『新・教職課程演習』全22巻は，こうした要請に応えることを目的として，主として教職課程受講者のために編集された演習シリーズである。

　本シリーズは，明治時代から我が国の教員養成の中核を担ってきた旧東京高等師範学校及び旧東京文理科大学の伝統を受け継ぐ筑波大学大学院人間総合科学研究科及び大学院教育研究科と，旧広島高等師範学校及び旧広島文理科大学の伝統を受け継ぐ広島大学大学院人間社会科学研究科（旧大学院教育学研究科）に所属する教員が連携して出版するものである。このような歴史と伝統を有し，教員養成に関する教育研究をリードする両大学の教員が連携協力して，我が国の教員養成の質向上を図るための教職課程の書籍を刊行するのは，歴史上初の試みである。

　本シリーズは，基礎的科目9巻，教科教育法12巻，教育実習・教職実践演習1巻の全22巻で構成されている。各巻の執筆に当たっては，学部の教職課程受講者のレポート作成や学期末試験の参考になる内容，そして教職大学院や教育系大学院の受験準備に役立つ内容，及び大学で受講する授業と学校現場での指導とのギャップを架橋する内容を目指すこととした。そのため，両大学の監修者2名と副監修者4名が，各巻の編者として各大学から原則として1名ずつ依頼し，編者が各巻のテーマに最も適任の方に執筆を依頼した。そして，各巻で具体的な質問項目（Q）を設定し，それに対する解答（A）を与えるという演習形式で執筆していただいた。いずれの巻のどのQ&Aもわかりやすく読み応えのあるものとなっている。本演習書のスタイルは，旧『講座教職課程演習』（協同出版）を踏襲するものである。

　本演習書の刊行は，顧問の野上智行先生（広島大学監事，元神戸大学長），アドバイザーの大髙泉先生（筑波大学名誉教授，常磐大学大学院人間科学研究科長）と髙橋超先生（広島大学名誉教授，比治山学園理事），並びに副監修者の筑波大学人間系教授の浜田博文先生と井田仁康先生，広島大学大学院教授の深澤広明先生と棚橋健治先生のご理解とご支援による賜物である。また，協同出版株式会社の小貫輝雄社長には，この連携出版を強力に後押しし，辛抱強く見守っていただいた。厚くお礼申し上げたい。

　2021年2月

監修者　筑波大学人間系教授　清水　美憲

広島大学大学院教授　小山　正孝

序文

　平成29年に小学校学習指導要領が改訂され，令和2年度から全面実施となりました。この改訂の指針を示した中央教育審議会答申「幼稚園，小学校，中学校，高等学校及び特別支援学校の学習指導要領等の改善及び必要な方策等について」（中教審第197号平成28年12月21日）では「予測困難な時代に，一人一人が未来の創り手となる」ことが標榜されています。第4次産業革命とも呼ばれる時代の到来が社会や生活を大きく変えていくとの予想の下，新しい時代に生きる子どもたちには，変化に主体的に向き合って関わり合い，その過程を通して，自らの可能性を発揮し，よりよい社会と幸福な人生の創り手となっていくことが求められています。このためには学校教育は何を準備しなければならないのか，新しい教育課程は，この実現のために示されたものです。

　新しい教育課程においては，資質・能力の3つの柱「知識及び技能」「思考力，判断力，表現力など」「学びに向かう力，人間性など」や主体的・対話的で深い学び，といった新しい枠組みと教育用語が用いられています。これらは，学びを通して子どもたちに身に付けてほしいことを明確にし，どのように学ぶかを示すために取り入れられたものです。また，小学校算数科においては，数学的な見方・考え方，数学的活動など，今まで使われてきた用語が，異なる文脈や意味で用いられるようになりました。こうした教育用語の理解は，これから小学校の教員を目指す人にとっても，すでに教職にあり新しい教育課程での学習指導を実践する人にとっても不可欠なものとなっています。

　本書において取り上げたQ＆A形式の解説は，こうした新しい教育課程での用語を中心に小学校算数科の指導の原理や理論，実践への指針をまとめたものです。第1章は目的や目標，第2章は内容構成，第3章は指導法，第4章は評価，第5章は「見方・考え方」，第6章は学習課題とその対応，第7章

は教材研究の視点，第8章は教師の職能成長の8つの章から構成されています。そして，65個のQ（問い）が設けられており，小学校算数科を網羅的に捉えることができるようになっています。従来から積み上げられてきた算数科の指導を踏まえつつ，新しい時代の算数科教育の在り方を示しています。A（答え）の解説が重要であるのはもちろんのことですが，Qの項目だけでも新しい時代の算数科のポイントとなる事柄を読み取ることができます。

　執筆者は，大学において初等教員養成を担当する教員をはじめ専門職大学院を修了した小学校教員による27名で構成されています。この中には，文部科学省や国立教育政策研究所の教育関係委員を務める先生や算数科の検定教科書の執筆を担当している先生方も含まれています。こうした国の教育政策の動向に精通し，小学校算数科をリードする専門家にそれぞれの項目の解説をしていただき，新しい時代の算数科教育への示唆に富む内容となっています。これらは，座学として学ぶ算数科教育の理論だけではなく実践的視点から執筆していただいています。従来から大学での授業内容と学校現場での指導とにはギャップがあるという指摘もありますが，本書はその橋渡しをする意図をもっています。学術的な知識や研究成果を背景に，実際の学習指導の姿を方向付けています。

　本書を読んで学生諸君が小学校算数科について考え学ぶことを通して，本書が新しい時代の小学校算数科の構築に役立てられると嬉しく思います。また，大学の教員養成課程の教科書としてのみではなく，その後の教育実践における教材研究や授業研究の参考書として活用していただけると幸いです。

　最後に本書の刊行にご尽力いただきました方々に厚く御礼申し上げます。

　　2021年1月

　　　　　　　　　　　　　　　　　　編者　蒔苗直道・松浦武人

目次

第3章　算数科の指導法

第4章　算数科の評価法

第5章　算数科に固有な「見方・考え方」

第6章　算数科の学習指導の課題とその対応

第7章　算数科の教材研究の視点

第8章　算数科の教師の職能成長

第1章

算数科の目的・目標

▌Q1　算数科で育成すべき資質・能力について概説しなさい

1．資質・能力をとらえる3つの柱

　平成29年の小学校学習指導要領改訂にあたって，学校教育のねらいとして掲げられたのが「資質・能力」である。学校での指導を通して子どもたちに身に付けてほしいことは，教科書の内容を覚え，テストの問題が解けることだけではない。社会の激しい変化に主体的に関わり，他者と協力して問題を解決し，新しい情報を取り入れて判断していくことができるようになってほしい。「資質・能力」の目指すところは，子どもたちが将来において必要になる力を身に付けることにある。こうした学校教育の理念は，かねてより「生きる力」として示されてきた。「資質・能力」という言葉は，この「生きる力」を具体化し，新しい枠組みで整理するために登場したものである。

　育成すべき資質・能力は，ア「何を理解しているか，何ができるか（生きて働く「知識・技能」の習得）」，イ「理解していること・できることをどう使うか（未知の状況にも対応できる「思考力・判断力・表現力等」の育成）」，ウ「どのように社会・世界と関わり，よりよい人生を送るか（学びを人生や社会に生かそうとする「学びに向かう力・人間性等」の涵養）」の3つの柱で捉えられる（中央教育審議会，2016）。この3つの柱のそれぞれの要素は互いに関係しており，独立したものではない。例えば，ア「知識・技能」は「生き

て働く」ものであり，単なる暗記や反復を意味するのではない。実際に使えることや活用できることを含めた習得である。知識や技能を実際に使ったり活用したりする場面では，思考，判断，表現が必要であり，それを何のために行うか，何を目的に行うかといった方向性や意識を伴うことになる。3つの柱は，資質・能力を分析的に示す枠組みではあるが，実際の状況においては同時に必要となったり，育成されたりする面をもっているのである。

２．資質・能力をとらえる３つの柱

　学習指導要領改訂では，算数を含め全ての教科の目標や内容がこの３つの柱に基づいて再整理されている。算数科の目標は，算数科で育成すべき資質・能力として，次のように示されている。この中で，(1)が３つの柱のア「知識・技能」に対応し，(2)がイ「思考力・判断力・表現力等」に，(3)がウ「学びに向かう力・人間性等」に対応した資質・能力である。

> 小学校学習指導要領における算数科の目標
> 数学的な見方・考え方を働かせ，数学的活動を通して，数学的に考える資質・能力を次のとおり育成することを目指す。
> (1) 数量や図形などについての基礎的・基本的な概念や性質などを理解するとともに，日常の事象を数理的に処理する技能を身に付けるようにする。
> (2) 日常の事象を数理的に捉え見通しをもち筋道を立てて考察する力，基礎的・基本的な数量や図形の性質などを見いだし統合的・発展的に考察する力，数学的な表現を用いて事象を簡潔・明瞭・的確に表したり目的に応じて柔軟に表したりする力を養う。
> (3) 数学的活動の楽しさや数学のよさに気付き，学習を振り返ってよりよく問題解決しようとする態度，算数で学んだことを生活や学習に活用しようとする態度，算数で学んだことを生活や学習に活用しようとする態度を養う。

　冒頭に書かれている「数学的な見方・考え方」とは，どのような視点で物事を捉え，どのような考え方で思考していくのかという，物事を特徴や本質を捉える視点や，思考の進め方の方向性を意味する。このうち，「数学的な見方」については「事象を数量や図形及びそれらの関係についての概念等に着目してその特徴や本質を捉えること」とされ，「数学的な見方」について

は「目的に応じて，数，式，図，表，グラフ等を活用しつつ，根拠を基に筋道を立てて考え，問題解決の過程を振り返るなどして既習の知識及び技能等を関連付けながら，統合的・発展的に考えること」とされている。算数の学習は，単に教師の説明を聞いたり，教科書を読んだりして，練習問題を解くということではない。1人1人が目的意識をもって問題解決に取り組み，その結果として資質・能力を身に付けていくには，子ども自身が上記のような「数学的な見方・考え方」を働かせていることが必要不可欠である。

　そして，これらを実現する具体的な姿が「数学的な活動」である。「数学的活動」には，次の問題発見・解決の過程が相互に関わり合っている。日常の事象を数理的に捉え，数学的に表現・処理し，問題を解決したり，解決の過程や結果を振り返って考えたりすることと，算数の学習場面から問題を見いだし解決したり，解決の過程や結果を振り返って統合的・発展的に考えたりすることである。「数学的な見方・考え方」は，この活動の中で働かせていくものであるとともに，こうした活動を通して発達していくものでもある。

3．知識及び技能

　算数科で身に付ける「知識・技能」では，概念的な理解や問題解決のための方法の理解，数学的に表現・処理するための技能などが求められる。具体的には，「数量や図形などに関する基礎的な概念や原理・法則の理解」，「事象を数学化したり，数学的に解釈・表現したりする技能」，「数学的な問題解決に必要な知識」などの項目が挙げられる。

　こうした知識および技能は，実際の問題を解決する際に，的確かつ能率的に用いることができるようにしなくてはならない。概念や性質の理解に裏付けられた確かな知識及び技能が，日常生活や社会における事象を数理的に捉え処理して問題を解決することに役立てられるようにすることが大切である。

4．思考力・判断力・表現力等

　「思考力・判断力・表現力等」では，問題を見いだし，知識・技能を活用して問題を解決することなどが求められる。具体的には「日常の事象を数理的に

捉え，数学を活用して論理的に考察する力」，「既習の内容を基にして，数量や図形などの性質を見いだし，統合的・発展的に考察する力」，「数学的な表現を用いて事象を簡潔・明瞭・的確に表現する力」などの項目が挙げられる。

身に付けた知識及び技能は，数学的な見方・考え方を働かせて，実際に活用できて初めて意味をもつ。特に，数学的に問題を解決するには，事象を既習の概念や原理を適応し，理想化，単純化して，数理的に処理できるように定式化し，見通しをもって筋道を立てて考えることが必要である。また，いくつかの事実から一般的なきまりを予想したり，類似する事象から新しいことを類推したりする。条件を変えて，他の場合ではどうなるかを考える。異なる事象をある観点から捉えることで同じ性質をもつものとして統合的に捉える。このように発展的に考えることで，新たな概念や原理を導くことは，新しい知識及び技能を獲得するという創造的な面を有している。

5．学びに向かう力，人間性等

「学びに向かう力・人間性等」には，数学のよさを見いだしたり，粘り強くかつ柔軟に考えたりすることなどが求められる。具体的には，「数学的に考えることのよさ，数学的な処理のよさ，数学の実用性などを実感し，様々な事象の考察や問題解決に数学を活用する態度」，「問題解決などにおいて，粘り強く考え，その過程を振り返り，考察を深めたり評価・改善したりする態度」，「多様な考えを認め，よりよく問題解決する態度」などが挙げられる。

算数で指導する内容は，日常生活で実際に必要となるものだけではない。知らなくても，できなくても，生活できなくなることはない内容も含まれている。こうした表層的な必要性で算数を学習するのではなく，数学的な法則や原理を数学的な活動を通して発見することや，それらを用いて初めて出会う問題を解決できること，友達と一緒に考えること自体に，面白さや必要性を感じて積極的に学習していくことが大切である。これは，現在の学習への情意的な支えとなるだけでなく，将来においても学び続けたり，困難に対して自ら考えて取り組んだりしていく際の根本的な原動力となるのである。

（蒔苗直道）

Q2　算数科の目標の変遷を概説しなさい

1．学習指導要領の時代区分と改訂

　算数科の目標は，学習指導要領に明示される。小学校の学習指導要領は，昭和22（1947）年の『学習指導要領一般編（試案)』が出て以来，改訂がなされてきた。はじめに，学習指導要領の時代区分と改訂時期を整理する。

（1）学習指導要領の時代区分

　昭和33（1958）年の改訂において，学習指導要領の性格が「試案」から「告示」に変更された。そして，学習指導要領の改訂に関する一連の手続き，すなわち，教育課程審議会への諮問から答申，学習指導要領の改訂から全面実施へという手続きが確立された（清水静海，2000）。この手続きに基づく数次の改訂が，社会の要請と相まってなされてきた。

　戦後の学習指導要領は，以下の8つの時代に区分できる（表1-2-1）。

表1-2-1　学習指導要領の時代区分（清水静海（2000）に追記して作成)

次数	時期の特徴	年代
第Ⅰ次	生活経験重視（単元学習）の時期	1950年代（- 1959）
第Ⅱ次	系統性重視（系統学習）の時期	1960年代（1960 - 1969）
第Ⅲ次	教育の現代化の時期	1970年代（1970 - 1979）
第Ⅳ次	ゆとりと充実の時期	1980年代（1980 - 1991）
第Ⅴ次	新しい学力観（自己教育力）の時期	1990年代（1992 - 2001）
第Ⅵ次	生きる力とゆとりの時期	2000年代（2002 - 2010）
第Ⅶ次	生きる力と確かな学力重視の時期	2010年代（2011 - 2019）
第Ⅷ次	資質・能力重視の時期	2020年代（2020 -）

（2）算数科における学習指導要領の改訂

　算数科における学習指導要領の改訂の時期を，教育課程審議会や中央教育審議会教育課程部会への諮問及び答申とともに示す（表1-2-2）。

表1-2-2　学習指導要領の改訂時期（清水静海（2000）に追記して作成）

教育課程審議	教育課程審議会／中央教育審議会教育課程部会		学習指導要領（改訂等）
	諮問	答申	
第Ⅰ次			1947.5 試案
	1949：法制の整備	1950.6	1948.9 指導内容一覧表（改訂）1951.12 改訂
第Ⅱ次	1956.3 1957.9	1958.3	1958.7 告示
第Ⅲ次	1965.6	1967.10	1968.7 改訂
第Ⅳ次	1973.12	1976.12	1977.7 改訂
第Ⅴ次	1985.9	1987.12	1989.3 改訂
第Ⅵ次	1996.8	1998.7	1998.12 改訂
	2003.5	2003.10	2003.12 一部改正
第Ⅶ次	2005.2	2008.1	2009.3 改訂
第Ⅷ次	2014.11	2016.12	2017.3 改訂

　学習指導要領は，およそ10年毎に改訂され，文部科学大臣（文部大臣）の諮問を受けてから3，4年の時を経て改訂されている。

2．算数科の目標の変遷

　算数科の目標の変遷を，いくつかの視点から概説する。

（1）算数科における「よさ」

　「よさ」の登場は，昭和26（1951）年の『小学校学習指導要領算数編（試案）』においてである。この学習指導要領の「算数科の一般目標」のまとめの項目「(4) 数量的な内容についてのよさを明らかにすることがたいせつである」に，用語「よさ」が登場する。生活単元学習が展開された時期であった。

　平成元（1989）年の目標の記述に，「よさ」が再登場する。この背景には，「新しい学力観」，すなわち，自ら学ぶ意欲と主体的に判断し行動する能力と態度を基礎的・基本的な内容の中核とする学力観に立つ教育の推進，「主体

性」や「意欲」といった情意面の強調があった。なお，この「よさ」には，「うまいことを考えてくれたな」といった「知恵」に感動する心も含まれており，「昭和26年にかかれていたことを少しでも盛り込みたい」（杉山吉茂，2006，p.13）という意図が込められていた。平成29年には「数学のよさ」が掲げられ重視され続けている。

（2）数学的な考え方の継承と発展

昭和33（1958）年の目標に，「数学的な考え方」が登場した。アメリカの占領から離れ，日本が自主的な立場で学習指導要領を改訂できた最初の時期である。この目標の記述には，「生み出す」や「生活に生かす」という方向性が打ち出される一方，数学教育界では数学的な考え方とは何かに焦点が向けられた。このため，昭和43（1968）年の改訂には，数学的な考え方の明確化が図られた。この結果，総括的目標の中に「統合的，発展的」が登場した。これは，「統合といった観点による発展的な考察」（中島健三，2015，p.40）と捉えられるべき語であり，「数学的な考え方」の充実を図り，より具体的に示すものであった。なお，昭和55（1980）年以降の目標からは削除されていたが，平成29年の改訂において，再登場することとなった。

昭和43（1968）年の改訂には，「数理」も登場している。日常の事象を数学の眼でとらえて数学化し，数学の舞台にのせて考察する過程が改めて重視された。「数理」という語は，戦前の『尋常小学算術』（今日では緑表紙教科書と呼ばれている）の教師用の凡例の「児童の数理思想を開発し，日常生活を数理的に正しくするやうに指導すること」にみることができ，今日の目標まで継続的に用いられている。

（3）数学的活動の強調にみられる問題解決型授業の重視

平成10（1998）年の目標には，「算数的活動」や「活動の楽しさ」が登場した。活動のねらいや必然性が重要となり，また，活動の過程に現れる数学的な考え方や活動を支える知識や技能を顕在化させることも重要となる。平成21（2009）年の目標には，「算数的活動」が強調されるとともに，「表現する能力」が加わり，思考力・判断力・表現力を育成するための「言語活動の充実」が図られた。さらに，平成29年の目標には，小学校から高等学校ま

でを貫くものとして「数学的活動」の語が用いられるとともに，「数学的な見方・考え方を働かせ」という表現が用いられている。授業においては，どのような数学的な見方・考え方が働いていたのかを顕在化させ，子どもに意識させることが重要となる。さらに「問題解決」の語も登場した。

　「数学的な考え方」や「よさ」の重視を継承させつつ，「問題解決」の語を登場させることで，日本の算数授業の特徴である問題解決型の授業を再認識しようとする意図がよみとれる。「学習を振り返ってよりよく問題解決しようとする態度」が示されていることは，ある1つの問題で結果を得て終わりにするのではなく，振り返ることによる新たな問題の発見を子どもにできるようにさせたいという価値観が込められている。

参考文献

清水静海（2000）「小学校における算数教育－算数科の教育目標の変遷から－」，『日本数学教育学会誌』82（7，8），pp.15-27.

杉山吉茂（2006）『豊かな算数教育をもとめて』，東洋館出版社.

文部科学省 https://www.mext.go.jp/a_menu/shotou/youryou/main4_a2.htm「学習指導要領データベース」（2020年5月26日閲覧）.

中島健三（2015）『算数・数学教育と数学的な考え方－その進展のための考察』東洋館出版社.

（田中義久）

Q3　他の国の算数科の目標について概説しなさい

1．諸外国における教育課程

　学習指導要領は，わが国における算数科の目標や指導内容など教育課程の基準を定めたものである。これは全国的に定められたもので，日本全国で学校教育の質を保証しようとしている。諸外国では，教育課程の基準の内容や扱いは，必ずしも同様ではない。実際，多くの国では国で統一された教育課程が定められているものの，1つの国の中でも地域により，教育課程の内容を始め，その基準の設定の仕方が異なることが少なくない。その結果，算数科の目標と内容もしばしば異なる。これは，近現代の学校教育は国や地域の行政が担っており，行政単位が国によって異なるためである。例えば，アメリカやドイツ，オーストラリア，スイスなどは，州によって行政の仕組みが異なり，各州で教育制度が異なる。

　さらに，国や地域に統一的な教育課程の基準が存在していても，その法的拘束力はそれぞれ異なる。わが国の学習指導要領は，学校教育法施行規則の規定を根拠に定めたものであり，法的拘束力のあるものとされる。一方，例えばアメリカでは，州で教育課程の基準が定められていても，それはあくまでも標準的な基準であって，法的拘束力をもたず，市や郡などの地域で異なった教育課程を定めていることも少なくない。

　教育課程を細かく見ていけば，その示され方も国や地域によって異なる。わが国の算数科の学習指導要領では，小学校全体の「目標」を明確に定め，そして各学年の目標があり，それらを達成するために学習すべき内容が規定されている。ここでの目標の提示の仕方は特徴的である。平成29年告示の算数科の学習指導要領の目標は，「数学的な見方・考え方を働かせ，数学的活動を通して，数学的に考える資質・能力を次のとおり育成することを目指す」などとあり，「知識及び技能」，「思考力，判断力，表現力等」，「学びに向かう力，人間性等」の3つの資質・能力があげられている。この文言は非常に

練られたもので，特定の意味をもち学校教育で非常に大事なものである。その意味するところは，学習指導要領解説で丁寧に説明されている。一方，日本のようにこうした全体的な目標を明確に定めず，理解すべき内容と獲得すべき能力を中心に教育課程を規定する国や地域も少なくない。以下では，諸外国の教育課程がどのようになっているのか，算数科の目標はいかに定められているのか，アメリカとフランスの場合を具体的に示す。

2．アメリカ

　アメリカは，日本に影響の強い国であるものの，中央集権的な要素が弱く，日本とは非常に異なった仕組みをもつ国である。アメリカの教育制度は，先述のように，行政単位の州や地域によって大きく異なり，全国的に統一されたものがあるわけではない。

　少し歴史を振り返ると，アメリカでは算数・数学教育の改善のため，80年代より全米で教育課程の基準を設ける試みがなされてきた。全米数学教師協会（NCTM）は，1989年に「学校数学のカリキュラムと評価の基準（Curriculum and Evaluation Standards for School Mathematics）」を発表し，幼稚園から高等学校までに標準的に学習が期待される知識と技能を示し，全米基準として推奨した。さらに，これは2000年に「学校数学のための原理と基準（Principles and Standards for School Mathematics）」として改訂された。これらはあくまでも数学の教師協会が作成したものであるため，これらを参考にしつつ各州で独自の基準を設けることが多かった。その後，教育課程の全米基準を設ける機運がさらに高まり，全米州知事会と全米州教育長協議会が2010年に「全州共通基礎スタンダード（Common Core State Standards）」（以下，CCSS）と呼ばれる新たな基準を英語と数学について提案した。2015年には42州でこの基準が採用されているとのことである。

　ここで「基準」と呼んでいるものは，「標準」を意味するstandardsである。すなわち，基準はあくまでも標準的な学習内容であり，法的拘束力のある学習すべき内容を示しているわけではない。この点はアメリカの特徴的なところであり，わが国の学習指導要領や他国の国定の教育課程の基準と異なると

ころである。そのため，州が推奨している「標準」があっても，それは参考であり，各学校区や各学校で絶対的に採用するとは限らない。

CCSSでは，学習すべき内容と獲得すべき能力が学年ごとに区別されている（領域別のまとめもある）。少しだけ例をあげよう。例えば，第1学年（Grade 1）は次の文章から始まる。

「第1学年では，指導時間は次の四つの重要な領域に焦点を当てるべきである。(1) 20以下の加法と減法のために，加法，減法，その方法についての理解を深める。(2) 10のまとまりと1のまとまりを含めた整数の関係と位取りについての理解を深める。(3) 直線の測定と長さを測ることが長さの単位を繰り返すことであることの理解を深める。(4) 幾何的なかたちの特質について考え，それらのかたちを構成・分解する。」

(1) から (4) は，「演算と代数的思考」，「数と10進法の演算」，「測定とデータ」，「幾何」の4つの領域にそれぞれ対応する。上の文章のあと，各領域の学習内容の説明があり，さらに領域ごとにできるようになるべきことが具体的に示されている。したがって，CCSSにおける目標は，そこに示された内容を理解できるようになることである。わが国の目標と比較すると，「数学的活動を通して」などといった学習・指導の方法には特に触れていない点，学習すべき知識と技能が中心的に示されている点で大きく異なる。

3．フランス

フランスは，中央集権という意味で日本と比較的類似しており，それでいてさまざまな特徴的な仕組みを教育制度に採用している国である。フランスでは，「プログラム」と呼ばれる教育課程の基準が全国的に定められている。それは法的拘束力をもちすべての小学校で遵守すべきものとされている。小学校が5年間であること，小学校と幼稚園がセットになっていることなど教育制度には異なる点はあるものの，プログラムが約10年ごとに改訂されるなど，日本と類似した点も少なくない。ところが，2015年に告示されたプログラムより大きな方針転換が見られる。これまでは，わが国と同様に各学年で学習すべき内容が定められていたが，このプログラムから，複数学年を

まとめた段階ごとに教育課程の基準を定め，教科書も複数年をまとめたものが発行されるようになった。具体的には，サイクルと呼ばれる段階を基本的なまとまりとし（表1-3-1），複数年を通して達成すべき目標が設定された（仏語と数学については，各学年で期待される知識・技能も示されている）。

表1-3-1　フランスの学習サイクル

サイクル	学年
Cycle 1	幼稚園年少，年中，年長
Cycle 2	小学校1, 2, 3学年
Cycle 3	小学校4, 5学年，中学校1学年
Cycle 4	中学校2, 3, 4学年

プログラムはサイクルごとに作成されるため，サイクルに対する他教科も含めた全体的な目標はあるものの，小学校の数学全体に対する目標はない。各プログラムでは，まず，前文があり，そのあと，領域に関わらない数学の能力（探す，モデル化する，表現する，推論する，計算する，伝える），領域ごとの説明と理解すべき知識と獲得すべき能力の詳細，サイクル内で学習を漸進的に進めるための指針などが与えられている。Cycle 2とCycle 3では，「数と計算」，「量と測定」，「空間と幾何」の領域が設定されている。プログラムの記述は，日本の学習指導要領より詳細で，学習指導要領の解説よりは簡略化されたものである。

　約1ページにわたるプログラムの前文がわが国の目標にほぼ相当する。そこでは，児童が学習すべき内容についてのみならず，指導の方法についても述べられている。例えば，Cycle 2の前文では，問題解決が数学的活動の中心となること，筆記の活動が重要になること，Cycle 1ですでに出会った整数についての理解を強化すること，四則演算を学習すること，「世界を問う」の授業との関連で量や空間について学習することが述べられている。とりわけ，問題については，試行錯誤が必要なものであることや，遊びの要素を含むものであることなどが求められている。なお，ここで「世界を問う」とは，わが国の生活科に近い教科で社会科と理科を統合したものである。

　わが国の学習指導要領およびその解説と比較すれば，目標の示し方は随分異なるものの，獲得すべき知識と技能のみならず指導の方法についても触れられている点，数学的活動を重視している点は類似している。

（宮川　健）

Q4　他教科との関連や算数科の役割について説明しなさい

1．算数科と他教科との関連

　新しい時代に必要とされる生きる力は，教育課程全体を通して育むものである。各教科において育成される資質・能力は，学習の基盤となるものや現代的な諸課題に対応して求められるものであり，教科横断的な視点からの教育内容の組み立てが求められる。算数科における学びは，新しい時代に必要とされる数学的に考える資質・能力である。これは，算数の学習のみならず，他教科の学習や問題解決に対しても生きて働くものである。

　算数科と他教科との関連の仕方については様々な場合が考えられるが，第一に，算数科の学びが他教科の学びを支えるという場合がある。例えば，社会科では，表やグラフに表された資料を活用して，仕事や活動，生産，地理的環境などについての特徴や傾向を，比較・分類したり総合したりして，多角的に考えることが求められる。資料の読み取りにあたっては，棒グラフに表された値の大小，折れ線グラフの変化の仕方，円グラフや帯グラフに表された割合，表にまとめられた1次元や2次元の見方など，算数科の学びが生かされる。音楽科においては，音楽を形づくっている要素や音符・休符について，その働きと関わらせて理解することが求められる。四分音符や付点四分音符や八分音符といった音の長さの理解にあたっては，四分音符を1拍とするときの1.5倍の長さや1/2の長さにあたるなど，割合の知識が生かされる。図画工作科では，絵や立体や工作として，創造的につくったり表したりすることが求められる。仮に箱をつくるときであれば，構成する面の形を3組の向かい合う合同な長方形または正方形として捉えることによって，容易に精密に箱をつくることが可能であり，図形での学びが役に立つ。家庭科では，衣食住などについての日常生活に必要な技能を身に付けることが求められる。調理のために材料の分量を決めるにあたっては，レシピ記載の分量を

もとに比例を仮定して計算で予め求めることができる。

　他教科との関連の仕方の第二としては，創造的な活動を支える能力の育成という点で，算数科の学びと他教科の学びが共通する場合がある。例えば，国語科では，話すことや書くことや読むことにおいて，筋道立てて論理的に思考することが求められ，文章全体の構成を捉えることや，論の進め方について考えることがなされる。これに対して，算数科では，言葉や図表やグラフに加えて数や式を用いることで，自分の考えを分かりやすく説明することや，合理的で論理的に物事の解決を図る。いずれの教科においても，自分の考えを論理的に記述することが目指されている。また，理科においては，自然の事象・現象についての問題を科学的に解決することが求められ，観察や実験において差異点や共通点を見出すことや，予想や仮説をもとに解決の方法を考えることがなされる。これに対して，算数科では，異なる複数の事柄から共通点を見出して一つのものとして統合的に考察することや，物事を固定的なものと捉えずに発展的に考察することがなされる。いずれの教科においても，事象・現象を追究することが目指されている。

2．算数科の役割

　算数科の役割には，他教科の学習や生活に必要な知識や技能の育成という実用面があり，数量や図形などについての基礎的・基本的な概念や性質や数理的な処理の技能は，他教科の学習活動の基になる。また，人間に本来そなえることが望まれる能力を引き出し育てるという陶冶面もあり，数理的に捉えることや筋道を立てて考えることや事象を統合的・発展的に考察することなどは，他教科で取り上げる未知の状況に対しても求められる。

　算数科における学びを，他教科の学習においても活用することは，数学のよさを実感を伴って味わうことに繋がる。他教科との関連を積極的に図ることによって，数学的に考える資質・能力を，より効果的に育むことが期待できる。

（山崎美穂）

Q5　日常生活との関連や将来における算数科の意義について説明しなさい

1．算数と日常生活との関連

　平成29年改訂学習指導要領では，算数科の教科目標に示された3つの柱で整理された算数・数学教育で育成を目指す力として，「数学的に考える資質・能力」をあげている。これらの資質・能力は，数学的な見方・考え方を働かせた数学的活動によって育成されるもので，算数の学習はもとより，他教科等の学習や日常生活等での問題解決に生きて働くものである。算数と日常生活との関連について，数学的な見方・考え方に着目して，各領域の内容を整理すると，「A数と計算」では数とその計算を，「B図形」では図形の性質を，「C量と測定（下学年）」では量とその測定の方法を，「C変化と関係（上学年）」では二つの数量の関係の考察を，日常生活に生かすこととなる。

　新規に設定された「C測定（下学年）」領域は，算数科の中でも特に日常生活との関連が深い。時刻や時間について，第1学年において日常生活の中で時刻を読むこと，第2学年において時間の単位（日，時，分）とそれらの関係について学習する。そして，第3学年において時間の単位（秒）と時刻や時間の計算について指導する。日常生活に生かす上で，時刻や時間を求めることについては，日常生活における時間の経過を捉えて考える。例えば，時計の長針が1周を超えたり正時（分や秒の端数の付かない時刻）をまたいだりする時刻や時間を求めることについては，模型の時計の針の動きを観察したり，数直線上の目盛やその間について観察したりする等の活動を設定することが大切である。また，既習の時刻と時間の読みを基に，日常生活における時間の使い方についての計画を立てたりする。日常生活で必要となる時間については，家から学校まで歩いてかかる時間等がある。例えば，学校のまわりを探検したりする際，学校を出た時刻や公園に着いた時刻，公園にいた時間等を求めたりする。

「C測定（下学年）」領域で育成される資質・能力は，他の領域の内容とも密接に関わっている。例えば，「A数と計算」領域との関わりとして，測定という操作によって，量が数に置き換えられ，具体的な量の問題を数の計算等によって処理することができるようになる。長さの単位は，第2学年においてミリメートル（mm），センチメートル（cm），メートル（m）を指導し，第3学年においてキロメートル（km）を指導する。長さの単位を用いた指導では，測定する対象の大きさや形状に応じた単位や計器を適切に選んで測定できるようにすることが大切である。

２．将来における算数の意義

平成29年改訂学習指導要領では，数学的活動の一層の充実を図っている。小・中・高等学校を通して，数学的活動を通して育成を目指す資質・能力は同じ方向にあるが，数学的活動を通して，知識及び技能として習得する具体的な内容は，小学校段階では，日常生活に深く関わり，日常生活の場面を数理化して捉える程度の内容が多い。

算数・数学の問題発見・解決の過程に位置付く「日常の事象から見いだした問題を解決する活動」を中核とした活動が数学的活動の1つにある。児童・生徒の発達の段階を踏まえ，算数科と数学科の接続の視点から，小学校第1学年から中学校第1学年まで2学年毎に，数学的活動の類型を示している。

子どもの成長過程において，小学校段階では，「日常の事象から見いだした問題を解決する活動」を中核とする数学的活動の一層の充実を実現する指導が，その後の学習や社会に出ても数学的活動を生かすことができるようにする。このような指導を意図的かつ継続的に行うことが，子どもの将来を見据えた算数の意義へとつながる。

参考文献

文部科学省（2018）『小学校学習指導要領（平成29年告示）解説　算数編』日本文教出版.

（松嵜昭雄）

Q6　資質・能力の育成に対する主体的・対話的な深い学びの役割について説明しなさい

　資質・能力とは，「知識及び技能」，「思考力，判断力，表現力等」，「学びに向かう力，人間性等」の３つの柱で捉えられる。ここでは，主体的な学び，対話的な学び，深い学びが，資質・能力の１つの柱である「思考力，判断力，表現力等」の育成に対して果たす役割を中心に説明する。

　主体的な学びとは，児童自らが，解決に取り組む問題に対して，どのような数学的な見方や考え方を働かせ，どのような数学的知識を用いれば解決できるのかについて見通しをもち，問題解決に向けて，粘り強く取り組むとともに，自分の問題解決の過程において，何が足りなかったのか，何が不十分であったのかを振り返り，よりよく解決する学びである。そして，解決した後，次に考えるべき新しい問いを見いだし，解決に取り組む学びである。

　また，対話的な学びとは，他者に対し，自分の考えを数学的表現を用いて筋道立てて説明するとともに，他者による数学的表現から，どのように思考したのかを解釈したり，その数学的表現のよさを吟味したりする学びである。そして，解決過程について話し合い，よりよい考え方や問題の本質を見いだす学びである。

　一方，深い学びとは，新しい数学的知識を形成したり，それらを用いて問題を解決したりするとともに，数学的知識を統合・発展させることを通して，数学的な見方や考え方，態度が変容する学びである。

　思考力・判断力・表現力を育成するためには，まず児童自らが，思考・判断・表現するという行為を行うことが前提になると考える。つまり，思考・判断・表現という行為を自分でせずに，その能力を育成することはできないと考える。これは，泳力をつけるためには，泳ぐという行為を自分でしなければならないという考えに類比できる。しかし，一方で，行為をすれば，その力が育成されるかと言えば，そうとは限らない。どのように事象をみていくのか，どのように考えていくのかといった，数学的な見方・考え方の働かせ方

を学ぶとともに，どのように表現していくのかを学ぶことによって，思考力・判断力・表現力が育成できると考える。その際，自分自身の数学的な見方・考え方を振り返り，不足している点や不十分な点を自覚することが必要であり，ここに主体的な学びが果たす役割がある。

　また，表現について考えてみると，自分の問題解決過程を他者に伝える際，単に自分が記述した内容を読むだけでは相手には伝わらないことが多い。筋道立てて説明したり，様々な数学的表現を用いたりすることで，相手に伝えることができるようになる。また，他者の数学的表現と自分の数学的表現を比較することによって，それぞれの長所や短所が顕在化し，どのように表現することが重要であるがわかるようになる。これらを学ぶことによって，表現力が育成されていくと考える。上記の学習を実現するためには，他者の考えや表現の意味，そしてよさを比較・検討することが必要であり，ここに対話的な学びが果たす役割がある。

　上記のように，自己，他者，教材とじっくりと向き合い対話をするとともに，自分の学びを自分でコントロールすることは重要であるが，それだけでなく，数学的な見方・考え方を働かせながら，数学的概念や手続きを創ったり，それを活用して問題を解決したり，獲得した数学的知識を整理・統合することによって，算数・数学に特有の思考力・判断力・表現力が育成できると考える。ここに，深い学びが果たす役割がある。

　最後に，資質・能力のもう１つの柱である「学びに向かう力，人間性等」について考える。「学びに向かう力，人間性等」を具体的に考えると，例えば，「数学を活用しようとする態度」，「問題解決の過程を振り返り，評価・改善する態度」，「多様な考えを認め，よりよく解決する態度」，「粘り強く考える態度」が挙げられる。これらの言葉は，上述した思考力・判断力・表現力の育成の中で，繰り返し使われていた言葉であることがわかる。つまり，思考力・判断力・表現力の育成と学びに向かう力，人間性の育成は車でいうところの両輪であって，同時になされていくものであり，その育成にとって，主体的・対話的で深い学びは先述したように重要な役割を果たすのである。

（清野辰彦）

第2章

算数科の内容構成

Q7 算数科の領域について概説しなさい

1. 領域の構成の考え方

　算数科の目標を達成するために，算数科の内容は，算数科全体を見やすくし，その発展系統をつかみやすくするために，領域に分けて示されている。領域とは，共通な性格を持った内容を集め，系統がわかりやすいように整理したものである。

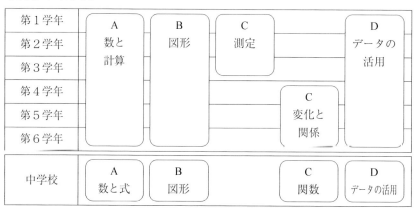

図2-7-1　算数科における領域構成
(出典:『小学校学習指導要領（平成29年告示）解説　算数編』)

　平成29年改訂学習指導要領では，算数科の内容は，「A数と計算」，「B図形」，「C測定」（下学年），「C変化と関係」（上学年），及び「Dデータの活

用」の５つの領域で示されている。

　５つの領域は，算数科における主要な学習対象，すなわち，数・量・図形に関する内容とそれらの考察の方法を基本とする領域（「A数と計算」，「B図形」，「C測定」），事象の変化や数量の関係の把握と問題解決への利用を含む領域（「C変化と関係」），不確実な事象の考察とそこで用いられる考え方や手法などを含む領域（「Dデータの活用」）から成る。平成29年改訂学習指導要領では，教師にとって算数科の学習とその指導の趣旨が分かりやすいものになるように領域を再編成し，児童が数学的活動を通して考察を深める内容が各領域にまとめられた。

　各領域は，児童の発達の段階を踏まえ，中学校数学科との接続を視野に入れて設定されている。各領域の間は密接な関連を持つ内容があるので，異なる領域の内容が互いに補い合って学習を深められるようにする。

　指導に当たって，各領域の特徴を踏まえ，教育内容の発展系統を見通しておくとともに，育成を目指す資質・能力の発達の系統を意識し，各領域にあげている内容相互の間の関連にも配慮する。

２．各領域の内容

（１）「A数と計算」の内容
　「A数と計算」領域の内容は，数概念の形成とその表現の理解，そして，計算の構成と習得から成る。算数科では，自然数の概念と分数や小数で表現される数（有理数）の概念と，その表現方法，すなわち，十進位取り記数法に基づく数の表記や分数や小数の表記を学習する。

　また，この領域では，それぞれの数について，数の集合に定義される演算の意味とそれに基づく四則計算の方法を学習する。第４学年までに自然数の計算についての四則計算を，第６学年までに正の有理数の範囲での四則計算の学習が完成する。

　平成29年改訂学習指導要領では，「A数と計算」領域に「式の表現や読み」という内容が新たに位置付けられた。事象を考察する際の式の役割の理解を深めるとともに，算数の学習の場面や日常生活の場面で，式に表したり式を

読んだりして問題解決をすることができるようにすることが意図されている。そして，数とその計算を日常生活に生かせるような指導をする。

（2）「B図形」の領域の内容

「B図形」領域の内容は，図形概念の形成と基本的な図形の性質の理解から成る。平面や空間における基本な平面図形や立体図形の概念とその性質，図形の構成（作図）の仕方について学習する。

また，前提となる事柄を明らかにして筋道立てて考えることができるようになるために，いわゆる演繹的な推論や帰納的な推論など，論理的に考え説明することについては，主に，「B図形」領域で取り上げる。

平成29年改訂学習指導要領では，基本的な平面図形の面積や立体図形の体積などの図形の計量の仕方を，「B図形」領域の内容に位置付けて，図形の計量的考察の充実を図った。

（3）「C測定」領域

「C測定」領域は，平成29年改訂学習指導要領で新規に設定された。この領域の内容は，量の把握とその測定の方法の理解から成る。算数科では，幾つかのものを比較する必要から，ものの属性（例えば，長さ，重さ，広さなど）に着目し，単位を用いて量を捉え，その単位で測り取り，数値化して表すという，量の把握における測定を学ぶ。

この領域で取り上げる量の種類は，長さ，広さ，かさ，重さといった「外延量」である。速さ，濃さ，混み具合などの「内包量」は，2つの数量の関係を考察することを重視する観点から，「C変化と関係」の領域で取り上げる。

また，ものを比較する場合に，ものの属性を「直接比較」すること，大小関係の推移律に基づいて行われる「間接比較」，そして「任意単位」を設定して測定した結果の比較，「普遍単位」による測定という一連の測定のプロセスを通して，測定の意味についても学習する。そして，図形の性質を日常生活に生かせるような指導をする。

（4）「C変化と関係」領域

「C変化と関係」領域も，平成29年改訂学習指導要領において新規に設定

された。これは，事象の変化や関係を捉える力の育成を一層重視し，2つの数量の関係を考察したり，変化と対応から事象を考察したりする数学的活動を一層充実するためである。一方で，この領域の内容は，中学校数学の「関数」領域につながるものであり，小学校と中学校の学習の円滑な接続も意図している。

「C変化と関係」領域は，身の回りの事象の変化における数量間の関係を把握してそれを問題解決に生かすという「関数の考え」を育成する内容から成る。具体的な関数としては，比例を中心に扱い，比例の理解を促すために反比例についても取り上げる。また，様々な事象における2つの数量の関係について，2つの数量を比較するときに用いる「割合」について学習する。そして，2つの数量の関係の特徴を考察した結果を日常生活に生かせるような指導をする。

（5）「Dデータの活用」領域

「Dデータの活用」領域は，平成29年改訂学習指導要領において新設された。それは，統計的な内容の充実を踏まえて，身の回りの事象をデータから捉え，問題解決に生かす力，データを多面的に把握し，事象を批判的に考察する力の育成と，小学校と中学校間との統計教育の円滑な接続のためである。

この領域は，不確定な事象を考察する内容から成る。データを様々に整理したり表現してその特徴を捉えたり，代表値やデータの分布の様子を知って問題解決に生かすなど，「統計的な問題解決」の方法について知り，それを実生活の問題の解決過程で生かすことを学習する。

参考文献

文部省（1989）『小学校指導書算数編』東洋館出版社.

文部科学省（2018）『小学校学習指導要領（平成29年告示）解説　算数編』日本文教出版.

（牧野智彦）

Q8　数の体系と算数科の数の拡張の違いを説明しなさい

　数の体系では，自然数から始まり，整数，有理数，実数へと，数の集合が拡張されていく。自然数は，１，２，３，…のように表される数であるが，厳密には，自然数の集合は１を出発点とし，１の次の数を２，２の次の数を３のように，次の数を定めていくことによって構成される数の集合である。このことを数学的に定式化したものがペアノの公理である。このペアノの公理は自然数系を構成し，この公理から，自然数の加法，乗法，自然数の間の大小関係について定めることができる。

　自然数の集合をもとに，代数的構造の観点から，四則演算の可能性に着目して，数の体系を説明する。自然数の集合に対して，加法，乗法を定義すると，任意の二つの自然数に対して，その和，積も自然数となる。すなわち，自然数の集合は加法，乗法に関して閉じていることが言える。しかし，加法の逆算である減法に着目すると，２－３，３－５のように，その結果が必ずしも自然数になるとは限らない。すなわち，自然数の集合は減法に関して閉じていない。したがって，減法の結果が常に含まれるように数の集合を拡張する必要があり，自然数の集合から整数の集合へと拡張される。

　また，整数の集合に対して，加法，乗法を定義すると，任意の２つの整数に対して，その和，差，積も整数になる。すなわち，整数の集合は加法，減法，乗法に関して閉じていることがいえる。しかし，乗法の逆算である除法に着目すると，その結果が必ずしも整数になるとは限らない。すなわち，整数の集合は除法に関して閉じていないことから，同様にして，除法の結果が常に含まれるように数の集合を拡張する必要があり，整数の集合から有理数の集合へと拡張される。さらに，２次方程式 $x^2 = a\,(a>0,\ a が平方数でない)$ に対して，有理数の範囲で解が存在しないことから，有理数の集合から実数の集合へと拡張される。

　一方，小学校算数科の数の拡張は，数の体系の拡張過程とは大きく異な

る。2017年（平成29年）改訂小学校学習指導要領解説算数編での，各学年の数の内容を概観することにより，数の体系との違いを明らかにする。

　第1学年では，2位数までの範囲の自然数，0の概念，簡単な場合の3位数の範囲の自然数を学び，第2学年では，4位数までの範囲の整数（自然数と0），1/2や1/3といった簡単な分数を学ぶ。この第2学年では，具体物の操作によって得られる大きさを表した簡単な分数を扱うことにより，簡単に表現される正の有理数について学ぶこととなる。そして，第3学年では，万の単位の導入により8位数までの範囲の整数（自然数と0）を学び，量の測定による端数部分の大きさや等分してできる部分の大きさを表すために小数や分数を学ぶ。さらに，小数や分数の加法及び減法の計算を学ぶ。小数や分数は有理数を表現したものであるため，正の有理数について学ぶこととなる。

　第4学年では，億，兆といった新しい単位を導入し，さらに範囲を広げて整数（自然数と0）を学び，乗数や除数が整数の場合の小数の乗法及び除法の計算，同分母の分数の加法及び乗法を学ぶ。第5学年では，整数を偶数や奇数に類別することや，約数や倍数について知ることにより，整数の性質や構成について学ぶ。また，第5学年及び第6学年では，小数や分数の加減乗除の計算を扱うことから，正の有理数における加減乗除の演算について学ぶこととなる。

　以上のように，数の体系では，ペアノの公理により構成される自然数をもとに，四則演算の可能性から，整数，有理数，実数へと数の集合が拡張されるのに対し，小学校算数科の数の拡張では，自然数，整数（自然数と0），正の有理数のように，量の測定による大きさの表現の必要性から，正の範囲で数の集合が拡張され，中学校数学科の実数の集合の拡張へとつながる。

参考文献

松坂和夫（1976）『代数系入門』岩波書店.
文部科学省（2018）『小学校学習指導要領（平成29年告示）解説　算数編』
　　日本文教出版.

（栗原和弘）

Q9　四則演算と計算法則の系統について説明しなさい

1．四則演算

　加法（たし算），減法（ひき算），乗法（かけ算），除法（わり算）を四則演算（または，四則計算），それらの結果をそれぞれ，和，差，積，商と呼ぶ。

　加法は「増加」，「合併」，「順序数を含む加法」，「求大」，「異種のものの数量を含む加法」などの場合に用いられる演算で，2つの集合を合わせた集合の要素の個数を求める演算といえる。また，減法は「求残」，「求差」，「順序数を含む減法」，「求小」，「異種のものの数量を含む減法」などの場合に用いられる演算で，1つの集合を2つの集合に分けたときの一方の集合の要素の個数を求める演算といえる。すなわち，減法と加法は逆演算の関係にある。

　さらに乗法は，1つ分の大きさが決まっているときに，その「幾つ分」，「何倍」に当たる大きさを求める場合に用いられる演算であり，除法は，ある数量がもう一方の数量の幾つ分であるかを求める場合（「包含除」）や，ある数量を等分したときにできる1つ分の大きさを求める場合（「等分除」）に用いられる演算である。よって，除法と乗法も逆演算の関係にある。

2．計算法則の系統

（1）加法と減法の相互関係

　3つの数量A，B，CにA＋B＝Cの関係が成立しているとき，B＋A＝C，A＝C－B，B＝C－Aも同時に成り立っている。この相互関係を利用して，学習段階や場面に応じて，何が既知で何が未知なのかを意識しながら，計算の仕方を考え，工夫し，結果を確かめることが重要である。その際，例えば整数なら100を単位にする，1000を単位にする，小数であれば0.1を単位にする，0.01を単位にするなど，場面に応じて数量の大きさの単位をそろえることによって，どんな数の加法減法も，整数の加法減法の考え方に帰着でき

ることに気づくことが大切である。この気づきが，十進位取り記数法のよさ
の感得，筆算形式による計算技能の習熟，さらには分数の加法減法における
通分の必要性の理解などにつながっていく。単位の考えに着目した統合的発
展的な系統にも配慮しながら，指導に当たりたい。

（2）除法に関する計算法則

第4学年で学ぶ除法に関する計算法則の系統には，十分に配慮したい。

第3学年では除法の結果を，例えば「12 ÷ 5 ＝ 2あまり2」と表すこと
を学んでいるが，第4学年では加法と乗法を用いたもう1つの表現式

（被除数）＝（除数）×（商）＋（余り）

を学ぶ。この式によれば，例えば，被除数と除数をそれぞれ10倍して除
法を実行すると，商は元の除法と変わらないが10倍された余りが得られる
ことなどが，分配法則を介して確認できる。また，除数が小数である場合の
除法は，除数が整数になるように除数と被除数を10の累乗倍して計算する
が，このように計算しても商が変わらないことを次式は保証している。

$$a ÷ b = (a × m) ÷ (b × m) = (a ÷ n) ÷ (b ÷ n)$$

この式を用いれば，除数が分数である場合の除法で，被除数に除数の逆数
を掛けるという計算手続きが，「÷ b」を「÷ 1」に変える手続きであるこ
とを確認することもできる。

（3）交換法則，分配法則，結合法則

整数の四則に関して成り立つ交換法則，分配法則，結合法則は，小数，分
数などでも同様に成り立つ。このことを具体的な計算を通じて確かめたり，
例えば，5 × 0.98を，5 ×（1 − 0.02）＝ 5 − 0.1と見たり，5 ×（2 × 0.49）＝
10 × 0.49と見たりして，より合理的な計算方法を探るという数学的活動を
展開したりすることが大切である。

参考文献

文部科学省（2018）『小学校学習指導要領（平成29年告示）解説　算数編』
日本文教出版.

（髙橋　聡）

Q 10　乗法，除法，比例，割合の関係を説明しなさい

1．乗法と除法の意味づけにおける割合の考え

乗法$a \times b = c$は，日本では一般的に，（基準量）×（割合）＝（比較量）として意味づけられる。乗法の意味は，「aを1としたときにb倍にあたる大きさcを求めること」である（図2-10-1）。これは，割合の考えとも言われる。$a \times b$は，「aという基準量をbに比例して拡大縮小した大きさ」を表している。

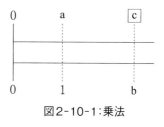

図2-10-1：乗法

乗法が定義されるとき，割合を求める場合や基準量を求める場合の演算が除法である。除法は乗法の逆演算として位置づけられており，求めるものの違いに応じて2つの種類が存在する。1つ目は，割合を求める場合の除法$c \div a = b$であり，包含除と呼ばれる。ここでの除法の意味は，「aを1としたときにcとなるような大きさbを求めること」である（図2-10-2）。2つ目は，基準量を求める場合の除法$c \div b = a$であり，等分除と呼ばれる。こ

図2-10-2：包含除

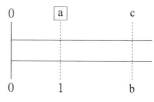

図2-10-3：等分除

こでの除法の意味は，「b倍にあたる大きさがcのときに1にあたる大きさaを求めること」である（図2-10-3）。

数直線に表されるa，b，cの3つの量の関係は同じであるが，求める部分に違いがある。これらは，1つの基準量に対して何倍かということに関する計算方法であることから，まとめて割合の3用法と呼ばれている。割合の第1用法とは割合を求める$c \div a = b$であり，割合の第2用法とは比較量を求める$a \times b = c$であり，割合の第3用法とは基準量を求める$c \div b = a$である。

2．比例を前提とした割合の比較場面

　個々の割合を求める場合の計算は，１つの基準量に対して何倍かを求める計算と同じことである。しかし，「割合」とは「倍」を言い換えたものではなく，２組の数量の間に比例関係を前提として，その数量関係を把握する際の比例定数のことである。すなわち，「倍」は一過性のデータとしての基準量aと比較量cの関係b $\left(=\frac{c}{a}\right)$ であるのに対して，「割合」は他の基準量a'と比較量c'を想定する中での普遍的な関係b $\left(=\frac{c}{a}=\frac{c'}{a'}\right)$ のことである。割合を用いることは，比例を仮定した基準量に対する相対的な大きさに焦点をあてることになるため，基準量が異なる場面における比較が可能となる。

　割合は，２組の数量の種類によって２つに区別される。１つ目は，同種の２組の数量における割合であり，単位は「％」や「割分厘」などがある。例えば，「シュートの上手さ」を比較する場面では，投げる回数も成功の回数も異なる場合には，そのまま比較することができない。これに対して，投げる回数と成功の回数が比例する「一定のシュートの上手さ」という量を仮定することによって，公倍数の考えや平均の考えを基にどちらかの数値をそろえて比較をすることや，包含除的解釈である全体を１とみて他方がその何倍にあたるかを測定した数値で比較することが可能になる。

　２つ目は，異種の２組の数量における割合であり，単位は「km／時」や「人／m²」などがある。例えば，「速さ」を比較する場面では，時間も距離もそろわない場合には，そのまま比較することができない。これに対して，時間と距離が比例する「一定の速さ」という量を仮定することによって，公倍数の考えや平均の考えからどちらかの数値をそろえて比較をすることや，等分除的解釈である単位あたり量で比較することが可能になる。

参考文献

田端輝彦（2002）「同種の量の割合と異種の量の割合の指導順序に関する考察」『日本数学教育学会誌』84（8），pp.22-29.

（山崎美穂）

Q 11　算数科で用いる記号や式について説明しなさい

1．記号

　算数科では様々な記号について学習する。ここでは，式との関連で□や△など（以下，□）について述べる。

　数学だけでなく広く科学において，aやxなどの文字は，事象を表現したり思考を進めたりするための手段として重要な役割を果たしている。文字には定数（$a + 2b$），未知数（$x^2 - 5x + 6 = 0$），変数（$y = 2x - 3$）としての意味がある。文字を用いた式は小学校で導入されるものの，主な学習は中学校から行われ，算数科における□についての学習は，その素地形成として位置付いている。実際，□は，その形から，数の入る場所（いわゆるプレースホルダー）としてのイメージがつきやすい。算数科では，上記の文字の意味と対応して，□をまず未知の数量を表す記号として，次に変量を表す記号として用いることについて学習する。

　未知の数量については，例えば「はじめに，あめが23こありました。みんなで何こか食べたので，15このこりました。」という問題場面が考えられる。この場面は，食べたあめの数を□ことすると，23 − □ = 15と表すことができる。そして，□に数を当てはめたり，線分図から□ = 23 − 15と表したりすることを通じて，□が8であることを求める。

　変量については，例として「同じ長さのぼうを18本使って，いろいろな形の長方形をつくりましょう」という問題場面が考えられる。いくつかの試行から，たての本数を変えると，それにともなって横の本数も変わることがわかる。そして，その関係を表で整理することを通じて，たての本数を□，横の本数を△とすると，□ + △ = 9と表現できることを見いだす。

2．式

　式についても算数科では様々なものを学習するが，ここでは分解式と総合

式について述べる。分解式は1段階ごとに式に表して値を求めるものであり，総合式は複数の段階を1つの式でまとめて表すものである。一般に分解式の方が児童にとって容易であるが，総合式にも計算の工夫に気づきやすいなどのよさがある。

　例えば，小学校第6学年で，外側の円の半径が15cmで，内側の円の半径が5cmであるドーナツ型の面積を求める問題を考える。分解式では，まず$15 \times 15 \times 3.14$を，次に$5 \times 5 \times 3.14$を計算し，それらの差から答えを求めることになるが，煩雑で計算ミスが生じやすい。それに対して，総合式で$15 \times 15 \times 3.14 - 5 \times 5 \times 3.14$と表せば，$\times 3.14$が共通であることに気づきやすい。そして，既習である分配法則を利用して$(15 \times 15 - 5 \times 5) \times 3.14$と表すことで，$200 \times 3.14$から簡単に答えを求めることができる。

　式に関する学習では，式に表すことと同様に，表された式をよむ活動も重要である。学習指導要領解説には，式のよみ方として，「式の表す事柄や関係を一般化して読む」や「式から問題解決などにおける思考過程を読む」などが挙げられている。

　一般化に関係して，算数科で新しい計算の仕方について学ぶ際は，ある具体的な場面（例えば，小数の乗法の導入で，1mの値段が80円のリボンを2.3m買ったときの代金）を拠り所とすることが通常である。このとき，その場面において計算の仕方を考えながらも，その計算の仕方が，与えられた数字に限らず一般的に成り立つかどうかを見極めることが重要である。

　思考過程に関しては，ある問題に対して，仮想の児童による立式と計算を示し，その児童の考え方をよむ機会を設けることが考えられる。普段の生活では他者の表現を解釈することの方がむしろ多いことを考えると，式からその考え方をよみ取る活動は，児童の人間形成にとっても大切である。

（小松孝太郎）

Q 12　図形における演繹的推論と帰納的推論の違いを説明しなさい

1. 演繹的推論と帰納的推論の意味

　算数科では思考力・判断力・表現力等の中でも，推論を用いて筋道を立てて考察する力や，根拠を明らかにして筋道を立てて説明する力を育成することが求められている。図形領域では，図形の学習を通して，筋道を立てて考えたり説明したりする力を伸ばすことと，筋道を立てて考えたり説明したりすることを通して図形の理解を深めることの両者が重要である。

　筋道を立てて考えたり説明したりする際には，帰納的推論や演繹的推論が重要な役割を果たす。帰納的推論とは，「どんなことが成り立ちそうか」を問い，いくつかの事例の観察や操作等によって得られた結果をもとに，それらを含んだより一般的な事柄や規則を見いだす推論である。例えば，実測や操作等によって，いくつかの4つの角の大きさの和が360°になるという結果を得て，その結果をもとに，どんな四角形でも4つの角の大きさの和は360°になるのではないかと予想することである。

　演繹的推論とは，ある事柄が「いつでも成り立つのか」や「なぜ成り立つのか」を問い，その事柄を別の一般的な事柄に基づいて論理的に導く推論である。上の例では，四角形の4つの角の大きさの和が360°であることを，三角形の3つの角の大きさの和が180°であることに基づいて論理的に導くことである。この場合には，四角形が1本の対角線によって2つの三角形に分けられること（図2-12-1）や，四角形の内部の1点と各頂点とを結んだ線分（直線）によって四角形が4つの三角形に分けられること（図2-12-2）などを，推論の過程で見いだす必要がある。

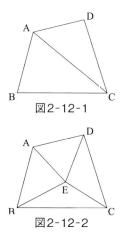

図2-12-1

図2-12-2

2. 演繹的推論と帰納的推論のはたらきと関係

　このように，帰納的推論は一般的な事柄の予想を生むはたらきをもち，演繹的推論はその説明を生むはたらきをもつ。帰納的推論によって予想を得て，その予想が成り立つかどうかを演繹的推論によって明らかにすることが重要である。また，演繹的推論は，広く言えば考察対象を他の知識と関連付けようとすることでもある。上の例では，四角形の4つの角の大きさの和が360°であることを，単体の事柄としてではなく，三角形の3つの角の大きさの和が180°であることと関連付けて理解することにつながる。

　また，算数科の学習では，演繹的推論による説明がいつでも可能であるとは限らない。この場合にも，さらに別の事例の観察や操作等を行い，事柄に対する確信を深めることが重要である（関連：支持的接触，ポリア，1959）。さらに，演繹的推論による説明をした後に，別の事例の観察や操作等を行うことも重要である。上の例では，図のように三角形に分ける操作が，別の形の四角形にも適用できるのかを確かめることである。このような活動を通じて，演繹的推論の過程で見いだした操作を一般的に捉えることや，四角形の4つの角の大きさの和が360°であることと三角形の3つの角の大きさの和が180°であることとの関連をより明確に捉えることが可能になる。

　このように，帰納的推論と演繹的推論の意味やはたらきを知り，両者を目的に応じて使い分けたり相互に活用したりすることとともに，図形の理解を深めることができるようにする指導が重要である。

参考文献

ポリア，G.（1959）（柴垣 和三雄翻訳）『帰納と類比』丸善（原著出版　　　1954）.

（辻山洋介）

Q 13　図形の概念形成について説明しなさい

1．三角形の図

　図2-13-1を見せて，この形は何ですか，と問えば「三角形」と答えるだろう。しかし，図2-13-2をいっしょに見せたり，三角形の定義をしっかり意識させてから問うたりすれば，図2-13-2は三角形と認められても，図2-13-1は三角形とは認められないことが予想される。

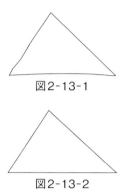

図2-13-1

図2-13-2

　図2-13-1は，よく見てみると，辺がまっすぐな線でなく，頂点も微妙にずれている。こうした正確性を問題にすると，図2-13-1は三角形とは言えなくなる。これに比べて図2-13-2は「3つの直線（線分）に囲まれた図形」で「三角形」と認めることができそうである。

　しかし，虫眼鏡で実際に拡大してみると，辺はでこぼこしていて決して真っすぐな線にはなっていない。紙の表面がでこぼこしているため，一見，直線に見える線もギザギザになっている事が分かる。頂点も直線の交わりとは言いにくい状態である。これは，教科書に印刷してある三角形の図でも同じ事である。そもそも直線は一定の方向に延びる連続した点の集まりで，幅はない。厳密に考えると描くこと自体が不可能であり，3つの直線に囲まれた図形である三角形も描くことはできないと考えられる。

2．図と図形

　それでも，図2-13-2（図2-13-1も）を我々が「三角形」ととらえているのは，なぜだろうか。図2-13-1や図2-13-2は三角形ではないが，これらの図を通して，我々は心や頭の中で三角形を思い描いている。その三角形は，実体はなくとも，3つの辺がすべて直線で，2つの辺が交わったところが頂

点となっていて，3つの内角の和は180°になっている。この思い描いた三角形を指して，我々は図2-13-1や図2-13-2を「三角形」と呼んでいる。

このような心や頭の中に思う理想的で抽象的な三角形が「図形」と呼ばれるものである。図形の指導において，三角形の概念形成と言われることは，こうした心や頭の中の三角形を思い描き，その三角形について考えることができるようにすることを意味している。

これに対して，心や頭の中で思い描いた概念を現実の紙面上に表現したものが「図」である。図2-13-1や図2-13-2は三角形の「図」であって，これらの「図」が表現しているものが三角形という図形である。こうした考え方は，古くはギリシャ時代の哲学にまで起源を遡ることができる。

3．図形の概念形成

こうした図形の概念を形成したり豊かにしたりしていくためには，図形に対する発達段階に応じた様々な活動を取り入れていく必要がある。ものの形に着目して特徴をとらえる（第1学年），図形を構成する辺の数や長さ，角の大きさ，直角に着目して，特徴をとらえる（第2学年，第3学年），平行，垂直などの位置関係（第4学年），合同（第5学年），対称，拡大，縮小（第6学年）といった観点から図形の性質や関係をとらえる。また，実際に模型を作ってみたり，図にかいたりする活動を通して，具体化してみる，といった活動である。漠然としたイメージから数学的な定義や性質を理解できるように，また，単純な形から複雑なものへと，図形の概念は豊かなものとなっていく。

図形の指導においては，正方形，長方形，二等辺三角形，正三角形，円，平行四辺形，台形，ひし形，直方体，立方体といった対象（名称）だけを指導内容と捉えるのではなく，その概念をいかに形成するかが重要である。

参考文献
文部科学省（2018）『小学校学習指導要領（平成29年告示）解説　算数科編』日本文教出版.

（蒔苗直道）

Q 14　空間観念の育成とはどのようなことか説明しなさい

1．空間観念

　空間観念は，一般に，概念との関係から捉えられることが多い。概念とは，個々の事物から共通な性質を取り出して得られたものを意味する。例えば，立方体は６つの合同な正方形で囲まれた立体として定義され，その性質として向かい合う面がそれぞれ平行である等が挙げられる。こうした概念は，事象について論理的に考察する際の基礎となるものである。それに対して，空間観念は，概念という論理的な側面だけでなく，空間そのものや空間における図形を想像したり念頭で操作したりする人間の心的で直観的なアプローチも含むものである。

　例として，立方体の標準的な見取図において，手前にある面と上部にある面にそれぞれ対角線を引くと，それらの長さは異なるように見える。このとき，それらの長さが等しいことは，上述の立方体の概念に基づいて論理的に説明することができる。一方，空間観念には，念頭で立方体を回転させたり自分の視点を移動したりすることを通じて，２つの面や対角線を実質的に同一視することも含まれる。

2．空間観念の育成

　上記の捉えをふまえ，空間観念の育成にあたっての重点を以下で述べる。

（1）具体と抽象の行き来

　図形は抽象的な概念である。言い換えれば，図形は具体物そのものではなく，具体物から形という属性を抽象して得られたものである。したがって，立体図形の概念形成にあたっては，具体物や模型からの抽象の過程を丁寧に扱うことが求められる。その際，他の関連概念（直方体であれば立方体や円柱など）の具体物や模型も扱い，特徴や機能の面からそれらの異同を検討す

ると，概念形成がよりよく行われる。立体図形の構成要素（辺や面）に着目し，構成要素間の関係を明らかにすることも大切である。

逆に，図形概念の観点から身の回りの事象を捉えることも重要である。例えば，拡大図・縮図の利用として，自分の目の前にある木の高さを測る問題が扱われることがある。このとき，自分と木の立ち位置が横から見えるよう視点を念頭で移動した上で，3次元の事象を平面図形の観点から切り取っているのであり，そのことを児童が次第に自覚化できるようにしたい。

（2）3次元と2次元の行き来

空間観念の育成，とりわけ直観的な思考力の育成にとって，模型の観察や操作からそれを見取図や展開図に表現したり，見取図や展開図から立体図形について想像したりする学習は大切である。後者については，例えば，ある展開図について，それを組み立てたときに重なる点や辺を予想し，実際に組み立ててその予想が正しいかどうかを確かめることが考えられる。また，立方体の展開図が全部で何種類あるかを，面の重なりに念頭で注意したり実際に模型を組み立てたりしながら考察することも挙げられる。模型や展開図で直角となっている角が，見取図ではどのように表現されているかを確認し，それぞれの表現の特徴にも児童が目を向けられるようにしたい。

（3）空間の広がり方の理解

平面図形の指導では，図形による敷き詰めを通じて，平面の2方向への広がりを児童が実感することが意図されている。立体図形の指導においても，立方体や直方体による積み上げを通じて，空間の3方向への広がりを児童が実感できるようにすることが大切である。そうした活動は，直線，平面，空間の広がり方の違いや，直線，平面，空間におけるものの位置を表すために必要な数の個数に児童が自ら気づくことにもつながる。立方体による積み上げは，その後の体積の学習にとっても素地となるものである。

（小松孝太郎）

Q 15　算数科で扱う量の特徴について説明しなさい

1．量とは

　量はものの大きさを表すものであり，個数や人数，長さや広さ（面積），速さ，濃度など，私たちの身の回りには様々な量がある。また，長さ，重さ，時間という基本的な量と，それらを基に考える広さ，かさ（体積）や速さなどの量と区別することができ，測定の指導と関わっている。

（1）量の基本的な性質

　量は，「比較可能性」「保存性」「加法性」「測定性」「等分可能性」などの性質を持つ。これらの性質によって，私たちは日常生活の中で大きさを比較したり，数で表したり，計算によって求めることができる。個数などは「数える」ことができ，その大きさを0と自然数をもって表すことができる。これに対して，長さや広さなどは，基準とする量を小さくすることができ，実数をもって表すことができる。このことから，前者を分離量，後者を連続量と分類することができる。このことは，量の性質の中でも特に「等分可能性」や「稠密性」と関わっている。

（2）外延量と内包量

　（1）で挙げた「加法性」が成り立つかどうかによって，量は「外延量」と「内包量」に分類することができる。

　外延量は，長さや広さ（面積）などであり，これらの量では加法に関する性質が成立する。例えば2本のひもの長さがわかっている時に，その和によって2本のひもをつなげた新しい長さを決定し，数によって表すことができる。これに対し，内包量は，速さや濃度などであり，異種の2量の割合によってその大きさが表され，これらの量では加法に関する性質は成立しない。例えば，「A地点からB地点まで120kmの道のりを，行きは時速60km，帰りは時速80kmで自動車で往復した」場面において，「60」と「80」の和に意味を与えることはできない。

２．量の単位

（1）任意単位と普遍単位

　量の基本的な性質は，身の回りにある量の表し方にも関わっている。量の大きさを表すとき，私たちは基になる大きさである「単位」を用いる。これは「測定性」と関わっており，ものの大きさを単位のいくつ分という形で表すことができるからである。単位には任意単位と普遍単位がある。任意単位とは，例えばクリップ１つを「１」として，あるものの大きさを，そのクリップいくつ分か表すことができる。これに対し普遍単位とは，例えば長さの単位として「cm」があり，これは時や場所によって左右されることのない，共通して使用できるものである。私たちはこれを用いて，10 cm は 1 cm の 10 個分の大きさであり，1/10 cm は，1cm の 1/10 倍の大きさであることを用いて，ひもの長さなどを表すことができる。

（2）メートル法

　私たちが普段利用する普遍単位の多くは，「メートル法」に基づいて構成されている。メートル法の特徴は，十進数の仕組みによって単位が定められていることである。また下表のように，基本単位を基にして組み立て単位が作られる仕組みを持っており，それぞれに接頭語を付けて，単位を構成している。

ミリ（m）	センチ（c）	デジ（d）		デカ（da）	ヘクト（h）	キロ（k）
1/1000	1/100	1/10	1	10 倍	100 倍	1000 倍

　例えば，長さにおいては m（メートル）を基本単位として，mm，cm，km があり，1/100 m は，1 m の 1/100 倍の大きさであり，1cm である。このように単位の仕組みに着目すると，単位間の関係や異なる量の単位の共通点について捉えやすくなる。

参考文献

藤井斉亮編著（2015）『算数・数学科教育』一藝社.

文部科学省（2018）『小学校学習指導要領（平成29年告示）解説　算数編』
　　　　日本文教出版.

（辻　宏子）

Q 16　関数の考えの意義を説明しなさい

1．関数の考えの特徴

　関数の考えは，平成29年告示の小学校学習指導要領解説において，「関数の考えとは，数量や図形について取り扱う際に，それらの変化や対応の規則性に着目して，事象をよりよく理解したり，問題を解決したりすることである。」（文部科学省，2017, p.62）と示されている。1つの数量を調べようとするとき，それと関係の深い数量をとらえ，それらの数量との間に成り立つ関係を明らかにし，その関係を利用しようとする考えである。

　関数の考えを用いるということは，新しい問題に直面した際に，まず，「関係が深く捉えやすい事柄は何か？」や，「置き換えられる事柄は何か？」を自らに問えるかどうかが，重要な第一歩となる。換言すれば，2つの事柄（数量や図形）の間の関係に着目するのである。次に，2つの事柄の間には，どんな関係があるのかを調べていく。2つの数量の間には，依存関係を見付けられることがある。その際，数量やその関係を数値表現，式表現，グラフ表現を用いて表すことで，変化や対応を的確にとらえることができる。最後に，見出した変化や対応の特徴を，問題の解決に活用する。得られた結果を問題場面に照らして評価することで，解決の前提や解決に用いた方法，数学的表現を見直し，解決の目的により適したものに改善することもある。

2．関数の考えの意義

　量関数の考えの意義を捉える視点として，「科学的な探究の精神」と「統合のアイデア」（文部省，1973）が挙げられる。具体例に照らして考えてみる。

（1）「科学的な探究の精神」としての関数の考え

　水耕栽培で植物（図2-16-1）を育てていて，何日後に水がなくなるかを知りたいとき，どんな変量に着目するとよいだろうか。水面に印をつけてお

き，一定時間毎の「水が減った幅」を測定する。日数との関係を比例とみることができれば，これを利用して問題を解決できる。

　関数の考えは，未知の事柄に対し，比較的とらえやすい数量に置き換えて関係づけ，この関係を利用して問題解決する際に用いられる基本的な考えであり，科学的な探究に関する態度の育成に寄与する重要なアイデアである。

図2-16-1　水耕栽培の植物

（2）「統合のアイデア」としての関数の考え

　数や図形に関する数学的な内容は，個々の特定の事柄だけを表しているのではなく，一般的な関係を表している。例えば，（三角形の面積）＝（底辺）×（高さ）÷2という公式は，三角形の面積は底辺や高さに比例するものとして捉えられることを示している。つまり，与えられた数を定数とみるのではなく，その定数を含む集合を考えて，変数として扱うのである。

　子どもが，三角形の面積（底辺a，高さhのとき面積$S=ah/2$），平行四辺形の面積（底辺a，高さhのとき面積$S'=ah$），台形の面積（上底b，下底a，高さhのとき面積$S''=(a+b)h/2$）を別々に理解しているとする。この後，上底bを変数とみて台形の公式をよむ場面があれば，$b=0$のときが三角形の面積，$b=a$のときが平行四辺形の面積として統合的に捉えられる。ある数を他の数に変えてみることで，関係をより一般的に，統合的に捉えることができる。

参考文献

文部省（1973）『関数の考えの指導』東京書籍.
文部科学省（2018）『小学校学習指導要領（平成29年告示）解説　算数編』
　　日本文教出版.

　　　　　　　　　　　　　　　　　　　　　　　　　　（田中義久）

Q 17　データの活用における統計的問題解決のプロセスを説明しなさい

統計的問題解決のプロセス：PPDACサイクルについて

　統計的問題解決のプロセスとしては，学習指導要領においては，次の５つの過程が例として取り上げられている（文部科学省，2017）。

表2-17-1　統計的問題解決のプロセス

問題	・問題の把握	・問題設定
計画	・データの想定	・収集計画
データ	・データ収集	・表への整理
分析	・グラフの作成	・特徴や傾向の把握
結論	・結論づけ	・振り返り

（文部科学省，2017，p.68）

　問題（Problem），計画（Plan），データ（Data），分析（Analysis），結論（Conclusion）の頭文字をとって，「PPDACサイクル」とも呼ばれる。

　統計的問題解決のプロセスについては，上記PPDACサイクルだけでなく，日本の学校現場の実践では，「とらえる－あつめる－まとめる－よみとる－いかす」（全国統計教育研究協議会，1999）が用いられていたり，イギリスの教育課程では「Plan － Collect － Process － Discuss」（Marriott, Davies, & Gibson, 2009）が用いられていたりもする。それぞれプロセスの区切りが若干異なっているが，本質的には大きな差はない。本稿では，PPDACサイクルに焦点を当てて，各プロセスについて解説する。

（1）「問題」について

　統計的問題解決では，「平均値を求めなさい」といったような算数の問題として定型化されたものではなく，日常の生活や事象との関わりで生じる問題などに取り組む。そのため，ここでいう「問題」は問題集や試験で出題されるような問題ではなく，もっと広い意味で用いている。

例えば，学校での普段の生活に目を向けて，「授業中の私語が多い」，「忘れ物が多い」などといった学級が抱える問題や，「来月予定されている学年交流会で，みんなに楽しんでもらうにはどうしたらいいだろうか」などの疑問がここでいうところの「問題」である。

　このような広い意味での問題は，解決の仕方も定まっておらず，どのように取り組んでいくかを考えなくてはならない。「学年交流会でみんなに楽しんでもらうには」について考えてみても，「クラスでレクリエーションの候補をいくつか出して，その中から多数決で決める」とした解決策として成立する。

　統計的問題解決では，統計的に取り組める形に問題を置き換えて設定していく必要がある。例えば，「学年交流をする低学年のクラスと自分たちのクラスで，みんながやりたいと思っているレクリエーションを調べて明らかにしよう」とすると，統計的に調査をする方向へと向かっていく。学習したことを実社会や実生活で活用できるようにするためには，定型化された問題を解くばかりではなく，実生活で直面する問題に対峙して，自分で解決できるように模索していく経験も必要である。

　ただし，統計的に取り組むことのできる問題を設定するには，統計に対する理解や統計的問題解決の経験も必要であるため，学習の初期段階から児童に取り組ませるのは得策ではない。初めのうちはある程度統計的な問題に設定しやすい問題を取り上げるようにしたりして，教師が支援する必要がある。

（2）「計画」について

　問題が設定できたら次は調査や分析に向けて計画を立てることとなる。調査の計画を立てる際には，「目的」「対象」「方法」「時期」を意識するとよい。例えば，学年交流会の例でいけば，「目的」は「学年交流会でみんながやりたいと思っているレクリエーションについて明らかにする」である。「対象」は，学年交流会で一緒に過ごす低学年のクラスと自分たちのクラスとすればよい。「方法」はアンケート調査，「時期」は交流会よりもっと前の学級会の時間にそれぞれ回答してもらうとする。

　アンケートをとる際にも，どのような質問項目にするのかなど検討が必要である。「レクリエーションでやりたいことを書いてください。」などと自由記述で回答してもらうようにしてしまうと，みんなが取り留めのないことを書いてしまい収拾がつかなくなったり，回答するときには思いつかなくて，その子が本当にやりたいことが反映されなくなってしまうかもしれない。そのため，実現できそうなものの中でみんながやりたがりそうなものをいくつか想定し，アンケートの中に提示して〇をつけてもらうようにするなど工夫する必要がある。この場合でも，1つだけ〇をつけてもらうのか，やりたいものすべて〇をつけてもらうのか，やりたいものの順位を付けてもらうのかなど回答の仕方も考えなくてはならない。

（3）「データ」について

　計画が立ち，アンケートができたら実際に回答してもらい，データを収集する。落ちや漏れがないように，アンケート用紙を整理したり，集計用の表の準備なども必要である。パソコンのソフトなどを用いて入力していってもよい。多くのソフトでは基本的に，各回答者を表の1行ずつに対応させ，質問項目1つずつを列に対応させていく。そのような集計のための枠組みも事前に準備しておく必要がある。

　回答用紙には記載漏れや回答ミスなどもあるのでその点検も必要である。3つ〇をつけるべきところを4つ，5つとつける子もいるかもしれない。そのような場合には本人に確認して訂正をお願いするのか，その回答用紙は無効とするのかも判断しなくてはならない。

（4）「分析」について

　集計ができたら次は分析である。一番〇が多くついたレクリエーションは何なのか，数を数えて表にまとめ直したり，グラフに表したりすることになる。質的データと量的データでも集計や分析の仕方は変わってくる。〇がついた数を単に集計することや，順位を記入してもらっていた場合には，1位を3ポイント，2位を2ポイントなどポイント化して各種目の合計ポイント数を計算することもできる。低学年の児童の回答はポイントを2倍にするなど重み付けをして，低学年の児童の希望を尊重するようにすることなど様々

な分析の仕方が考えられる。

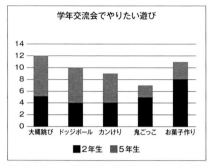

図2-17-1　学年交流会でやりたい遊び①
　　　　　（筆者作成）

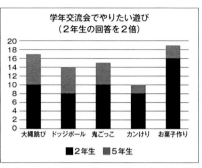

図2-17-2　学年交流会でやりたい遊び②
　　　　　2年生の回答を2倍にしたもの（同）

（5）「結論」について

　分析結果に基づき，結論をまとめる。分析の「結果」は手続きさえ定まれば誰でも同じ結果が手に入るのに対し，ここでの「結論」は，結果に基づき，自分で判断を下すことを指す。データを分析した結果のどこに注目し，何に重きを置いたかによって結論は人によって異なることもある。

　結論をまとめたら，それが当初の目的に対して妥当なものであるかどうかを検討し，もし不十分であれば再度修正を加えて調査をやり直すこともある。また，結論を相手に伝えるためにレポートなどにまとめたりすることなども含まれる。

参考文献

Marriott J., Davies N., & Gibson L.（2009），Teaching, Learning and Assessing Statistical Problem Solving, *Journal of Statistics Education*, Vol. 17, No. 1.

文部科学省（2018）『小学校学習指導要領（平成29年告示）解説　算数編』日本文教出版.

全国統計教育研究協議会（1999）『統計情報教育の理論と授業実践の展開』筑波出版会.

（青山和裕）

第**3**章

算数科の指導法

‖ Q 18　算数科の指導計画の立て方について概説しなさい

　算数科の指導計画には，大別すると，１年間の指導内容や指導順序を見通すための「年間指導計画」，単元における指導内容や指導順序並びに各授業時間の目標や学習活動を見通すための「単元指導計画」，１時間の授業の目標，学習活動とその展開，評価を見通すための「授業展開計画（学習指導案）」がある。

１．年間指導計画の立て方について

　年間指導計画は，通常，年度が始まる４月に立てられる。年間指導計画を立てる際には，まず，学習指導要領における算数科の目標を確認し，算数科の授業では，何を大切にすべきか，その要点をつかむとともに，指導する学年の目標や指導内容を確認する。この時，領域ごとに，指導内容や内容の取扱いについて自分の言葉で整理してみるとよい。

　例えば，５年生を担当する場合であれば，「『A数と計算』領域では，整数の性質についての理解を深めるとともに，記数法の考えを通して，整数及び小数についての理解を深める。また，分数と小数との関連づけをより一層はかるとともに，除法の結果は，分数を用いると１つの数として表せることを理解する。さらに，『×小数』，『÷小数』の意味を理解し，計算の仕方をつくり出すことができるようにする。そして，異分母分数のたし算とひき算の計算の仕方をつくり出すことができるようにする」のように整理してみると

よい。このようにすることで，指導内容を把握することができるとともに，指導の重点を意識することができる。

　年間指導計画を立てる際，次に，単元の指導順序について検討する。検討する際には，6つの教科書を比較し，どのような順番で単元を指導しているのかを分析すると参考になる。表3-18-1は，4つの教科書（2014年（平成26年）検定済み）に焦点をあて，5年のはじめの5つの単元の指導順序を併記した表である。表1を見ると，第1単元はどれも整数と小数の指導に関する単元であるが，第2単元以降は，教科書によって指導順序が異なっていることがわかる。こうした違いは，各教科書が重視している点が異なることに起因している。例えば，A社は，比例を小数のかけ算の単元の前に位置付けている。その理由の1つは，比例であるとわかると，かけ算が使えるという学習をしておくと，小数のかけ算の場面において，2つの量が比例していることから，かけ算の式を立てられるようなるためである。このように，教科書の単元の指導順序とその意図に関する検討を行い，年間指導計画における単元の指導順序を決定していく。ただし，単元の指導順序を入れ替える場合，ある概念を学習していないため，次の学習ができないといったことが起きないように，学習内容の系統性の確認を綿密に行っておく必要がある。

表3-18-1　5年の教科書におけるはじめの5つの単元の指導順序 （筆者作成）

A社	B社	C社	D社
整数と小数	小数と整数	整数と小数のしくみ	整数と小数
直方体や立方体の体積	図形の合同	図形の合同と角	2つの量の変わり方
比例	単位量あたりの大きさ	体積	小数のかけ算
小数のかけ算	小数のかけ算	比例	体積
小数のわり算	図形の角	小数のかけ算	小数のわり算

　また，運動会などの学校行事や遠足・集団宿泊的行事などの学年行事の時期や活動の視点，並びに他の教科等の指導時期や活動の視点から，単元の指導順序を検討することも考えられる。算数では，子どもたちの日常の事象を数学的な視点で捉え，数学的概念を構成していくことが望ましい。それゆえ，行事などを行う中で生まれる疑問や問いの解決を契機として，数学的概念を

構成していくことを想定して，指導順序を入れ替えることも考えられる。

　最後に，子どもたちの様々な資質・能力をどのような方法で評価していくのかについての見通しも立てておきたい。例えば，子どもたちが自己評価を行う場として，学習感想を位置づけ，その学習感想を1年間継続的に分析し，子どもたちの資質・能力を評価していくことなども考えられる。

2．単元指導計画の立て方について

　単元指導計画を立てる際，まず，単元の目標を明確にするとともに，その単元の学習内容を確認する。次に，どのような順序で学習内容を指導していくのかについて検討する。その際，年間指導計画と同様に，教科書の指導順序を比較してみるとよい。例えば，3年生のわり算の導入において，等分除の場面から扱うのか，包含除の場面から扱うのかは，教科書によって異なる。2014年（平成26年）検定済み教科書では，等分除の場面から導入している教科書は5社，包含除の場面から導入している教科書は1社となっている。また，第5学年生で学習する四角形と三角形の面積の導入において，平行四辺形の面積の学習から扱うのか，三角形の面積の学習から扱うのかも，教科書によって異なる。2014年（平成26年）検定済み教科書では，平行四辺形の面積から導入している教科書は5社，三角形の面積から導入している教科書は1社である。教科書の指導順序を比較するとともに，その意図を分析し，単元指導計画を立てる際に役立てるとよい。

　また，指導計画を立てる単元の学習内容は，これまで子どもたちが学習してきたどのような内容と関連があるのかを明確にするとともに，その学習内容が今後の学習にどのように発展していくのかを明確にする。学習内容の系統を明確にすることによって，子どもの既習事項を意識することになり，子どもの考えを生かした授業へとつながると考えられる。

3．1時間の授業展開計画（学習指導案）の立て方について

　1時間の授業の指導計画は，学習指導案と呼ばれる。学習指導案には，研究授業をする際に作成する細案と日々の授業をする際に作成する略案があ

る。学習指導案を作成する際には，以下の点に留意して作成するとよい。

1．授業の目標（知識・技能，思考・判断・表現，学びに向かう力を観点として）を明確にすること。

2．何を教え，何を考えさせるのかを明確にすること。教えることと考えさせることを区別しておくことは効率的な指導へとつながる。

3．学習内容の系統性を整理すること。

4．子どもに提示する問題に関して，次の問いに答えることができようにしておくこと。①なぜ，その問題場面にしたのか。②なぜ，その数値にしたのか。③なぜ，その表現（文章や図など）を入れたのか。

5．提示する問題に対して，子どもが，どのような解決方法をするのかを予想すること。

6．提示する問題に対して，子どもが，どのようなつまずきや誤答（ミスコンセプションも含めて）をするのかを予想すること。

7．教師の発問を明確にすること。実際の授業では，多様な考えは出てくるが，それを集約しない授業が見られる。これは，多様な考えの共通性や一般性を追求する問いがないからである。多様な考えが出てきたときに，それを集約する問いがないと思考力は育たない。多様な考えの本質を見極めてまとめる問いが大切である。

8．比較・検討の場面において，クラスで検討する考えの順序を明確にすること。また，必ず検討したい考えを明確にしておくこと。

9．どのような教具を用いるのかを明確にすること。

10．個別で解決を行うのか，ペアで解決を行うのか，グループで解決を行うのかを整理するとともに，その時間配分を明確にすること。

11．板書計画を明確にすること。

12．評価規準と評価を明確にすること（児童の発言から評価するのか，ノートから評価するのか，学習感想から評価するのか）

（清野辰彦）

Q 19　数学的活動の指導について概説しなさい

1．数学的活動の一層の重視・充実

　2017（平成29）年の学習指導要領の改訂に際して，資質・能力から算数科の目標が整理されている。また，資質・能力及び数学的な見方・考え方から算数科の内容が，さらに，問題設定や問題発見を含む広義の問題解決の過程から学びや学習指導の過程が整理されている。数学には，出来上がった理論体系という面のみならず，そうした理論体系構築に向けて問題発見や問題解決を累積していくという人間の活動としての面がある。2017（平成29）年の改訂では，「算数・数学の学習過程のイメージ」（中央教育審議会，2016）にみられるように，数学的な問題発見や問題解決の過程を学習において実現することを重視している。

　「算数・数学の学習過程のイメージ」は，2つの問題発見・解決の過程「日常生活や社会の事象を数理的に捉え，数学的に処理し，問題を解決する」「数学の事象について統合的・発展的に考え，問題を解決する」と，その様々な局面で育成を目指す資質・能力が示されている。また，これらの基盤として重視されているのが，数学的な表現を用いた説明を理解したり評価したりすること，目的に応じて自分の考えなどを数学的な表現を用いて説明すること，過程や結果を吟味し，評価・改善しようとすること，多面的に考え，粘り強く問題の発見や解決に取り組もうとすることである。

2．数学的活動

　用語「算数的活動」は，1998（平成10）年改訂学習指導要領における算数科の目標においてはじめて用いられた。2008（平成20）年改訂学習指導要領では，「児童が目的意識をもって主体的に取り組む算数に関わりのある様々な活動」と特徴付けられている。

　2017（平成29）年改訂学習指導要領では，数学的活動を，「事象を数理的

に捉え，算数の問題を見いだし，問題を自立的，協働的に解決する過程を遂行すること」（文部科学省，2018，p.23）と特徴付けている。これは，従前の特徴付けに比べ，数学的な問題発見や問題解決の過程への位置付けをより明確にしている。用語「算数的活動」から「数学的活動」への変更もこうした位置づけを反映したものと言えよう。

３．数学的活動の類型

　数学的活動には，数学的な問題発見や問題解決の過程を踏まえ，中核となる３つの類型が設定されている。３つは，「日常の事象から見いだした問題を解決する活動」，「算数の学習場面から見いだした問題を解決する活動」及び「数学的に表現し伝え合う活動」である。日常の事象を数理的に捉え見いだした問題を解決することや，既習の数学を基に新しい性質や問題を見いだしたり，得られた結果を捉え直したりするなど統合的・発展的に考察を進めることなどが重視されている。また，数学の言語的側面である「数学的に表現し伝え合う活動」は，学びの過程において，多くの場合，図3-19-1に示されるように他の２つの活動と相互に関連し一連の活動として行われる。

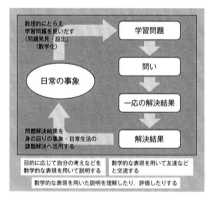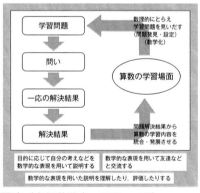

図3-19-1　数学的活動の類型の関連（文部科学省，2018，p.73）

　さらに，第１学年と第２学年には，身の回りの事象を観察したり，具体物を操作したりして「数量や図形を見いだし，進んで関わる活動」が設定されている。発達段階を踏まえた数学的活動を重視していると言えよう。

4．重点の置き方の弾力的な運用

　数学的活動のねらいや重点の置き方には，第1学年，第2学年と第3学年，第4学年と第5学年，第6学年では違いがみられ，児童の発達段階，さらに算数科と数学科の接続を踏まえて，質的な高まりを期待していることがわかる。例えば，第4・5学年「イ　算数の学習場面から算数の問題を見いだして解決し，結果を確かめたり，発展的に考察したりする活動」に対して，第6学年「イ　算数の学習場面から算数の問題を見いだして解決し，解決過程を振り返り統合的・発展的に考察する活動」（下線は筆者による）となっている。結果のみならず結果を導く解決過程へと振り返る対象を拡げること，新しい視点で古いものを捉え直すなど，ある観点から異なる複数の事柄に共通点を見いだして1つのものとして捉え直すことが期待されていると考えられる。4つの段階を設定した趣旨に照らして，学年に囚われずに，児童の成長や取り上げる内容や題材に応じて，長期的な見通しをもって数学的活動のねらいや重点の置き方を弾力的に変えることに配慮したい。

5．指導に当たっての配慮事項

　算数科の目標及び各学年の内容に，数学的活動を通して数学的に考える資質・能力の育成を図ることが明示されている。加えて，数学的活動は，目標，内容，方法として位置付けられている。数学的活動は，算数を学ぶための方法である。また，数学的活動をすること自体を学ぶという意味で，数学的活動は内容でもある。また，その後の学習や日常生活などにおいて数学的活動をいかせるようにすることを目指すという意味で，数学的活動は数学を学ぶ目標でもある。なお，算数科の内容に位置付けられている数学的活動は，5つの領域「A数と計算」，「B図形」，「C測定」，「C変化と関係」及び「Dデータの活用」に示されている。これは，数学的活動を5つの領域の内容と別に指導することを意味するものではない。数学的活動は，各領域の内容やそれらを相互に関連付けた内容の学習とともに実現されるものであることに留意したい。児童は，目標としての数学的活動に向けて，ある時には数学的

活動をすること自体を学び，ある時には数学的活動を通して各領域の内容やそれらを相互に関連付けた内容を学ぶ。この学びにおいて，今まで知らなかったりできなかったことがわかったりできるようになったりすることを楽しみにするなど，児童が自らの知的成長を楽しむようになることが大切である。

数学的活動に取り組む機会を設ける際には，活動としての一連の流れを大切にするとともに，数学的活動のどの過程あるいは局面に焦点を当てて指導するのかを明らかにすることが大切である。また，その過程や局面で児童が取り組むべきことを明らかにし，その取り組みを実現するためにどのように学習指導するかを吟味することが大切である。

「指導計画の作成と内容の取扱い」の「数学的活動の取組における配慮事項」では，数学的活動を通しての指導とともに，以下4つの機会を設けることが述べられている（下線は筆者による）。

- 数学的活動を楽しめるようにする機会を設けること。
- 算数の問題を解決する方法を理解するとともに，自ら問題を見いだし，解決するための構想を立て，実践し，その結果を評価・改善する機会を設けること。
- 具体物，図，数，式，表，グラフ相互の関連を図る機会を設けること。
- 友達と考えを伝え合うことで学び合ったり，学習の過程と成果を振り返り，よりよく問題解決できたことを実感したりする機会を設けること。

とりわけ，問題解決や学習をやりっ放しにせずに，問題解決の過程や結果，学習の過程や成果を振り返り，評価・改善することへの配慮が求められている。評価・改善には，得られた結果を捉え直したり，新たな問題を見いだしたりすることが含まれる。こうした機会は，よりよく問題解決できたことの実感に留まらず，算数の問題を解決する方法を理解することの必要性や，自らの知的成長の実感を促すことが期待される。

参考文献

中央教育審議会（2016）「幼稚園，小学校，中学校，高等学校及び特別支援学校の学習指導要領等の改善及び必要な方策等について（答申）」．
文部科学省（2018）『小学校学習指導要領（平成29年告示）解説　算数編』日本文教出版．　　　　　　　　　　　　　　　　　　　　（茅野公穂）

Q 20　繰り上がり（繰り下がり）の指導について説明しなさい

1．繰り上がり（繰り下がり）とは何か

　繰り上がりや繰り下がりは，数字の位置でその単位を決める位取り記数法のもとでなされる。加法において1繰り上げるもとの位の対応する数や，減法において1繰り下げる先の位の対応する数は，十進位取り記数法では10であるが，n進位取り記数法ではnであり，いつでも10というわけではない。

　十進位取り記数法で表された数の加法の計算において，1繰り上げるとは，ある位の加法の計算で10以上になったとき，その10を1つ上の位の数の1とすることである。また，1繰り下げるとは，ある位の減法の計算ができないとき，被減数の1つ上の位の数の1をもとの位の数の10とすることである。

　整数の加法と減法の計算は，位ごとに計算し，必要に応じて繰り上げと繰り下げをすることで，1位数と1位数との加法とその逆の減法の計算にそれぞれ帰着できる。小数の加法と減法の計算は，小数点を揃えて位ごとに計算することで，整数の加法と減法の計算にそれぞれ帰着できる。

2．繰り上がり（繰り下がり）の指導

　繰り上がり（繰り下がり）の指導は，1位数の加法とその逆の減法の計算で始まり，1位数に限らない整数や小数の加法と減法の計算でもなされる。

　1位数の加法とその逆の減法の計算は，整数と小数の加法と減法の計算が帰着される基盤となるものであり，第1学年におけるその指導ではその計算の仕方を理解し，計算に習熟し，2位数の加法と減法などに活用できるようにする。10より大きい数になる1位数の加法とその逆の減法の計算は，繰り上がりと繰り下がりそのものでもあり，その指導では，具体物を用いる場面を設定したり，「10とあと幾つ」という数の見方の活用を促したりする。

第2学年における，2位数の加法とその逆の減法の計算の指導では，1位数の加法とその逆の減法などを基にして，その計算の仕方を考える場面を設定し，繰り上がりと繰り下がりについても取り上げる。たとえば2位数の加法では，一の位の数どうしや，10のまとまりどうしをそれぞれ加えて，さらにそれらを合わせて計算することができ，また，これらの計算を筆算につながる素朴な表現で表すこともできる。具体物や図を用いて表すこともできる。2位数の加法とその逆の減法の計算では，繰り上げや繰り下げを2回することもあり，繰り上げる1が，それらの表現のどの部分に当たるか，何の位に繰り上がるか，実際にはいくつを意味しているかなどを確認する場面を設定することが考えらえる。このような活動を通じて，筆算形式に洗練させ，筆算の仕方について理解できるようにする。また，見いだした計算の仕方を振り返り，位ごとの1位数の計算に帰着できること，加法では，ある位の数が10集まったら1繰り上げ，減法では，ある位の数どうしが引けないときは1繰り下げて計算するという計算の仕組みに気付くことができるようにする。

　第3学年における $\frac{1}{10}$ の位，第4学年における $\frac{1}{100}$ の位までの小数の加法と減法の計算の指導では，それぞれ，$\frac{1}{10}$ の位（小数第1位），$\frac{1}{100}$ の位（小数第2位）を設け，1を $\frac{1}{10}$ の単位0.1が10個，0.1を $\frac{1}{100}$ の単位0.01が10個とみたりして，小数点を揃えて位ごとに計算し，繰り上がりや繰り下がりのある計算が，整数の時と同じようにできることを理解できるようにする。小数を整数と同じ数直線上に表し，0.1の何個分と考えれば整数と同じ見方ができることや，0.1や0.01が10個集まると1つ上の位に繰り上がることなど，整数との関連から説明できるようにする。

参考文献

文部科学省（2018）『小学校学習指導要領（平成29年告示）解説　算数編』日本文教出版.

杉山吉茂（2008）『初等科数学科教育学序説－杉山吉茂講義筆記－』東洋館出版社.　　　　　　　　　　　　　　　　　　　　　　　（伊藤伸也）

Q21　九九の指導について説明しなさい

1．乗法九九の構成

　第2学年において，1位数×1位数の乗法の計算が確実にできることと，12程度までの2位数と1位数との乗法を指導する。乗法九九は，以後の学年で取り扱う乗除の計算の基盤となる。村岡（1978）は，乗法九九はまとめて数える乗法的数え方であることを大前提として，整数の乗法の本質について述べている。整数の乗法の入門期に用いられる図としてアレイ図がある。アレイ図を用いると，交換法則，分配法則，結合法則を説明することができる。

　乗法九九を構成したり理解したりする際には，体験的な活動や身近な生活経験等と結び付ける等して指導の方法を工夫することが重要である。例えば，「1皿に3個ずつ入ったみかんの4皿分の個数」を求める場合にブロックを操作したり，靴箱の数といった長方形のように配列されたものの数は乗法で求めることができる。

　児童は，乗法九九の構成を通して，様々なことを見付ける。例えば，3の段の「かける数が1増えると答えは3だけ増える」ことや，「3×4と4×3の答えは同じになっている」こと等を見付ける。乗法九九の表を構成したり，完成した乗法九九の表を観察したりして調べ，帰納的に考えて「乗数が1増えれば積は被乗数分だけ増える」や，「乗数と被乗数を交換しても積は同じになる」という計算に関して成り立つ性質を見付けることができる。

2．乗法九九の表における数量の関係

　乗法九九の表を観察したりして調べることを通して，児童が見いだすきまりは，例えば，「3のだんと4のだんをたすと答えは7のだんと同じになる」ことや，1×1，2×2，3×3，…というように「かけられる数とかける数が同じものはななめにならんでいる」こと等，様々である（文部科学省，2017）。では，0から9までの10個の点を打った円形の図（文部科学省，

2002, p.48) のきまりはどうだろうか。

> 図 3-21-1 は，乗法九九の表のある「きまり」を表しています。どのような「き
> まり」でしょうか。

図3-21-1　乗法九九の表のきまり（出典：文部科学省，2002，p.48)

　乗法九九の表の一の位の数に注目する。例えば，3 の段であれば，3×1 $= \underline{3}$, $3 \times 2 = \underline{6}$, $3 \times 3 = \underline{9}$, $3 \times 4 = 1\underline{2}$, $3 \times 5 = 1\underline{5}$, $3 \times 6 = 1\underline{8}$, $3 \times 7 = 2\underline{1}$, $3 \times 8 = 2\underline{4}$, $3 \times 9 = 2\underline{7}$であるから，一の位の数は，順に「3，6，9，2，5，8，1，4，7」となっている。解答は，図3-21-1の左から順に，3 の段と 7 の段，2 の段と 8 の段，4 の段と 6 の段，1 の段と 9 の段，そして，5 の段を表している（松嵜，2018)。

参考文献

松嵜昭雄（2018)「数学的活動の目標，内容，課題」齋藤昇・秋田美代・小
　　　原豊編著『子どもの学びを深める新しい算数科教育法』東洋館出
　　　版社，pp.79-84.

文部科学省（2002)「単元『かけ算』での発展的な学習：九九表のきまりを
　　　見つけよう－第 2 学年『A 数と計算』(3) イ－」『個に応じた指
　　　導に関する指導資料－発展的な学習や補充的な学習の推進』教育
　　　出版，pp.43-48.

文部科学省（2018)『小学校学習指導要領（平成29年告示）解説　算数編』
　　　日本文教出版.

村岡武彦（1978)「かけ算の意味と方法（1 ～ 4 学年)」『新しい算数研究』
　　　(85)，pp.2-4.

（松嵜昭雄）

Q 22　筆算の形式と考え方の指導について説明しなさい

　筆算は，正確に，能率的に計算を行うための1つの方法である。しかし，筆算の指導では，正確に計算ができることだけを目標にするのではなく，筆算における1つ1つの手続きの意味の理解を目標にする。また，筆算は，長い年月をかけて人類が洗練させ続けた結晶であり，言わば文化である。それゆえ，インフォーマルな筆算（非公式的な筆算）から徐々に，フォーマルな筆算（公式的な筆算）へと洗練させていく過程を経験させ，形式化の考えを育成することを目標にしたい。さらに，筆算には，計算の途中の経過が表されるため，計算を間違えたとき，どこに誤りの原因があるのかを児童自身が診断し，自分で治療を行うことができるという教育的価値があるので（杉山，2008，pp.88-90），児童にも筆算のよさが感得できるように指導したい。

1．加法の筆算の指導

　筆算は，1つの位に0～（n－1）までの数字が入り，その位の数がnを超えたら，1つ上の位に繰り上げるという操作を繰り返しながら，数を表現する位取り記数法に基づいて行われる。算数では，1つの位に，0～9までの数字が入り，その位の数が10を超えたら，1つ上の位に繰りあげる十進位取り記数法を用いている。上記の原理と以下に示す加法の原理を基に，加法の筆算を行っている。

• 単位をそろえて，同じ単位の係数を加える。
• 単位が独立であると，繰り上がりが起こらない。これに反して，単位の間に従属関係があると，それにしたがって，繰り上がりが起こる（和田，1950，p.197）。

　例えば，83 + 46の場合，単位とは1，10であり，係数とは8，3，4，6をさす。単位をそろえ，係数同士を加えると，単位1が9，単位10が12となる。ここで，十進位取り記数法の原理に基づくと，10ずつまとめるという作業

によって繰り上がりが生じ，129となる。これをインフォーマルな筆算形式で表現すると，図3-22-1になる。

$$
\begin{array}{r}
83 \\
+46 \\
\hline
9 \\
+120 \\
\hline
129
\end{array}
\qquad
\begin{array}{r}
83 \\
+46 \\
\hline
129
\end{array}
$$

図3-22-1　インフォーマルな筆算（左）とフォーマルな筆算（右）

　加法の筆算の指導では，加法の原理と十進位取り記数法の原理を意識させ，上記のような加法のインフォーマルな筆算から，フォーマルな筆算へと移行させていく。インフォーマルな筆算を経由しておくことで，例えば，8 + 4 = 12は，80 + 40 = 120であることを明確に意識させることにつながると考えられる。また，加法の筆算の指導の際，「同じ位をそろえる」と指導するのではなく，「末位をそろえる」と指導していると，小数の加法の際に，右のような誤答をしてしまう可能性があるので，留意する必要がある。

$$
\begin{array}{r}
0.16 \\
+2.7 \\
\hline
0.43
\end{array}
$$

2．乗法の筆算の指導

　乗法の筆算は，加法の筆算よりも複雑である。したがって，フォーマルな筆算の導入を急がずに，計算の手続きを1つ1つ明確にしながら，インフォーマルな筆算に表現していく。例えば，24×3の計算を例に考えてみる。この場合，①24 + 24 + 24 = 72（同数累加），②(8 × 3) × 3 = 8 × 9 = 72（結合法則の利用），③(20 + 4) × 3 = 20 × 3 + 4 × 3（分配法則の利用）が，主たる考え方であり，表現としては，ドット図やお金のモデル図やサクランボ図などが考えられる。

図3-22-2　24×3を表す表現

上記の「③ $(20 + 4) \times 3 = 20 \times 3 + 4 \times 3$」の考え方や表現を基に，加法の筆算を思い出させながら，インフォーマルな筆算の表現にしていく。

$$
\begin{array}{r}
24 \\
\times\ 3 \\
\hline
12 \\
+60 \\
\hline
72
\end{array}
\qquad
\begin{array}{r}
24 \\
\times\ 3 \\
\hline
72
\end{array}
$$

図3-22-3　インフォーマルな筆算（左）とフォーマルな筆算（右）

その後，インフォーマルな筆算の部分積を省略しても間違えずに，計算できるようになってきた時，フォーマルな筆算へと移行していく。ただし，2位数×2位数の乗法の筆算を学習し始めの時は，部分積を表現し，計算の意味を明確にした方がよい。

3．除法の筆算の指導

除法の筆算は，これまで児童が学習してきた加法，減法，乗法，除法全てを総動員して取り組む必要がある計算であり，非常に難しい。教師は，そのことを自覚し，時間をかけて丁寧に指導していくことが大切である。

除法の筆算を導入する際，等分除の場面から導入するか，それとも包含除の場面から導入するかが，1つのポイントとなる。除法の筆算は第4学年で導入されるが，2014年（平成26年）検定済み教科書では，6社全てが等分除の場面から導入している。具体的には，折り紙など10枚1束で考えることが自然な対象を用いて，「72枚の折り紙を3人で同じ数ずつ分けます。一人分は何枚になりますか」といった問題から，除法の筆算を導入している。この問題では，1束10枚の折り紙が7束と2枚の折り紙があり，これを3人で分けることになるが，その場合まず，2束ずつ配る。すると，1束と2枚が残り，1束をバラにして12枚とし，それを3人に配り，24枚という答えを得る。この導入の工夫されている点は，72÷3のフォーマルな筆算において，7の上に2を立て，7の下に，3と2の積の6を記述するが，2や6は束の数を表しており，数字と場面とを関連付けて解釈できる点である。これが除法の筆算を導入する1つの方法である。なお，84÷21のように，わ

る数が2桁になったとき，5社の教科書は，包含除の場面から導入しており，等分除から包含除へと場面を変えている。

一方，わる数が1桁の除法におけるもう1つの導入方法は，「72枚の折り紙があります。この折り紙を1人に3枚ずつ分けると，何人に分けられますか」といった包含除の問題から入る方法である。この場合，72から3を引いていく考え，すなわち，同数累減が想起されやすいとともに，「72の中に3がいくつ入るか」という考えが想起されやすい。その結果，インフォーマルな筆算として，図3-22-4がつくられる。

$$
\begin{array}{r}
4 \\
10 \\
10 \\
3\overline{)72} \\
30 \\
\hline
42 \\
30 \\
\hline
12 \\
12 \\
\hline
0
\end{array}
\qquad
\begin{array}{r}
4 \\
20 \\
3\overline{)72} \\
60 \\
\hline
12 \\
12 \\
\hline
0
\end{array}
\qquad
\begin{array}{r}
24 \\
3\overline{)72} \\
6 \\
\hline
12 \\
12 \\
\hline
0
\end{array}
$$

図3-22-4　インフォーマルな筆算（左，中）とフォーマルな筆算（右）

左のインフォーマルな筆算では，72の中に，まず3が10個入り，さらに10個入り，そして4個入るという考えを表現している。上に積み上げながら表現していくので，積み上げ算と呼ばれることがある。一方，右のインフォーマルな筆算では，72の中に，3が20個は入ると考え，答えを求めており，左と比べると簡潔になっている。このように，徐々にインフォーマルな筆算を洗練させていき，そしてフォーマルな筆算をつくっていく指導も考えられる。この積み上げ算では，72の中に3がいくつ入るかを考えるため，見積もる能力の育成も期待される。

参考文献

杉山吉茂（2008）『初等科数学科教育学序説』東洋館出版社.

和田義信（1950）「数学のカリキュラム－算数・数学科の指導計画」『教育大學講座第22　数學教育』金子書房.

（清野辰彦）

Ｑ23　等分除と包含除の指導について説明しなさい

１．除法が用いられる場合とその意味

（１）除法の意味：包含除と等分除

　除法が用いられる具体的な場合として，次の２つがある。１つは，ある数量がもう一方の数量のいくつ分であるかを求める場合で，「包含除」と呼ばれる。要するに，包含除は，同じ数で分けたときに，グループがいくつできるかを求めるものである。例えば，12個のあめを１人に３個ずつ配ったときに何人に配れるかを求める場合である。なお，12個のあめを３個ずつ配るとは，12－3＝9, 9－3＝6, 6－3＝3, 3－3＝0と，３という同数をくり返し引いていることなので，包含除は「累減の考え」に基づく除法とも言われる。

　他の１つは，ある数量を等分したときにできる１つ分の大きさを求める場合で，「等分除」と呼ばれる。要するに，等分除は，等分した時に，一つのグループの要素の数を求めるものである。例えば，12個のあめを３人に同じ数ずつ分けたときに１人何個になるかを求める場合である。

（２）包含除と等分除を統合的にみる

　包含除と等分除は統合的に捉えられる。例えば，12個のあめを３人に等しく分けるという等分除の操作において，まず１人に１個ずつ配ると，１回の操作で３個配っていることになる。もう一度，１人に１個ずつ配ると，２回目の操作でも３個配っていることになる。この操作は，12－3＝9, 9－3＝6のように，12個のものを３個ずつ配っているという包含除の操作とみることができる。どちらの場合も，12÷3という同じ式で表すことができる。

２．等分除と包含除の指導

（１）除法の意味を把握するために操作を取り入れる

　除法が用いられる場面を理解するために，ブロックなどの「もの」を使っ

て，実際に配ったり，分けたりする操作を取り入れることが大切である。操作を通して，分け方には2通りあり，その違いに気付くことができるだろう。24個のあめを4個ずつ分けたり（包含除），4人に分けたり（等分除）する操作を通して，「配るものの数」が決まっている状況と，人や皿など「配る相手の数」が決まっている状況との違いに視点が向くようにしたい。

（2）除法が乗法の逆算とみられるようにする

ブロックなどの「もの」を使うことは，数が大きくなればなるほど，手間がかかることを確認し，「ものを使わずに答えを求められないか？」という課題を設定したい。課題を解決するために，第2学年で乗法の意味，すなわち（1つ分の大きさ）×（幾つ分）＝（幾つ分かにあたる大きさ）を取り上げる。例えば，24個のあめを1人に4個ずつ分けたときの人数を求める場合，（1つ分の大きさ）が4個，（幾つ分かにあたる大きさ）が24個となるので，4×□＝24という式になる。そして，4の段の九九を使って，□を求める。こうした活動を通して，除法は乗法を使って求めることができることを理解できるようにしたい。

（3）除法の意味理解を確認する

包含除と等分除の理解を確認するために，式を与えて，その式になる問題を作る活動が有効である。例えば，15÷5をみて，15個のものを5個ずつ配っている場面（包含除）と15個のものを5人に同じ数ずつ分けている場面（等分除）を，それぞれイメージできるかどうかを，児童が作った問題を通して評価したい。

参考文献

文部省（1989）『小学校指導書算数編』東洋館出版社.

文部科学省（2018）『小学校学習指導要領（平成29年告示）解説　算数編』
　　　日本文教出版.

和田義信編（1962）『小学校学習指導要領の展開算数科編』明治図書.

（牧野智彦）

Q 24　見積もりや概数の指導について説明しなさい

1．見積りや概数の指導の目標

　算数科では，教師や他者から与えられた見通しに基づいて解決を実行することではなく，児童が自ら見通しを立てて解決に取り組む力の育成が求められている。見通しを立てるための手段の1つとして，見積りや概数を生かすことが重要である。生かす対象として，算数の計算と日常生活の問題の解決が挙げられる。

　見積りや概数の指導では，四捨五入などの技能だけではなく，児童が目的に応じて見積りや概数を用いて考えることが目標とされる。日常生活の場面を例にすると，目的に応じて用いるとは，いくつかのものを合計千円で買えるかどうかを知るために，大きく見積もる（切り上げ）か小さく見積もる（切り捨て）かを考えて用いることである。このような活動を通して，見積りや概数の生かし方とともに，そのよさとして，見通しをもち，能率的に処理することや，計算の仕方や結果を適切に判断したり大きな誤りを防いだりすることができることを実感できるようにすることが重要である。

　このような学習は，見積りと概数が明示的な内容として組み込まれている第4学年だけで達成しようとするのではなく，全学年を通して意図的，計画的に取り入れることが必要である。例えば，28＋57を計算する際に，2数をおよそ20と50（または30と60）と捉えて和を見積もることにより，見通しをもって計算に取り組んだり，計算した後にその結果が適切かどうかを確かめたりすることが可能になる。

　また，見積りをもとに計算を進めることも可能である。およそ20と50と捉えた場合には，およそと実際の差を考え，見積もった和の70に残りの8と7をたすことで計算が進められる。30と60の場合も同様である。

２．見積りや概数の学習状況と指導

　平成27年度の全国学力・学習状況調査では，計算の結果，計算の仕方，日常生活の問題解決に見積りや概数を生かすことのいずれについても，課題が指摘されている。計算の結果に生かすことについては，8.9 − 0.78 のおよその答えを0.1，1，0.8，8の中から選択する問題（A①（1））が出され，反応率は11.2％，3.9％，11.6％，71.3％であった。

　8.9をおよそ9，0.78をおよそ1（または0.8）と捉えれば正答できる問題であり，誤答の選択肢はいずれも正答の値と大きく異なるものであった。にもかかわらず，正答率は7割程度に止まったのである。また，8.9と0.78の末尾を揃えて計算したと思われる誤答（0.1と1）の反応率は15.1％である。計算の結果に見積りや概数を生かすことにも，十進位取り記数法に基づく小数の計算自体にも，困難を抱える児童が相当数いるのである。

　このように，算数の計算や日常生活の問題の解決に見積りや概数を生かし，そのよさを実感することが目指されている一方で，児童の学習状況は芳しくない。見積りや概数自体を指導することだけではなく，見積りや概数を生かして考える場面を，意図的かつ計画的に，全学年を通して取り入れることが重要である。

　特に，計算の指導においては，計算の仕方や結果を考える際に見積りや概数を生かすことを取り入れるとともに，見積りや概数を生かす十進位取り記数法に基づく計算の仕方や数の相対的な見方の理解を深められるようにすることが重要である。

参考文献

文部科学省・国立教育政策研究所（2015）『平成27年度全国学力・学習状況
　　　調査報告書　小学校算数』.

（辻山洋介）

Q25　乗法の意味の拡張の指導について説明しなさい

1．乗法の意味の拡張

　整数の乗法は既習の内容である加法をもとにして，同数累加によって意味づけられる。例えば，「ケーキが1はこに2こずつ入っています。3はこでは，ケーキは何こになりますか」という問題に対して，加法では2＋2＋2と表現することができるが，乗法を用いると，2×3と表現することができる。これは，2個のまとまりが3つあることを意味する。すなわち，整数における乗法の意味は，「（1つ分の大きさ）×（いくつ分）＝（いくつ分かに当たる大きさ）」と捉えることができる。

　また，整数の乗法は，（いくつ分）に当たる部分を「倍」とみることにより，「1つ分の大きさの何倍かに当たる大きさ」を求めることとしても捉えることができる。乗法の計算では，交換法則が成り立つことから，「2×3」としても「3×2」としても同じ解を求めることができるが，日常生活などの具体的な問題場面に即して式を表す際には，被乗数と乗数の順序がとても重要となる。

　これまで述べてきたように，乗数が整数の場合には同数累加によって乗法を意味づけることができる。しかし，乗数が小数や分数の場合には同数累加による乗法の意味づけが難しいことから，乗法の意味の拡張が必要となる。

　例えば，「1mのねだんが120円のテープを2.4m買います。テープの代金はいくらになりますか」という問題を考える。このとき，乗法の式を「120×2.4」として立式することができたとしても，同数累加による乗法の意味づけでは，この式の意味を説明することができない。なぜなら，同数累加による捉え方に従って，「120×2.4」を「120円の2.4個分」としたときの「2.4個分」ということが説明できないためである。これは，同数累加による乗法の意味づけは（いくつ分）に当たる部分が整数の場合にしか適用することができないことを意味する。したがって，乗数が小数や分数の場合にも適用で

きるように，乗法の意味を規定し直すことが必要になる。

　そこで，乗法の式「120×2.4」の意味を，「120を1としたときに2.4に当たる大きさ」として規定することにより，乗法の意味を拡げることができる。すなわち，小数や分数を含んだ乗法の意味を，「（基準にする大きさ）×（割合）」とし，「割合に当たる大きさ」を求める式として規定し直すことである。このようにして，乗法の意味を，「割合に当たる大きさ」を求める式とすることにより，乗数が整数の場合でも同じように説明することができ，小数や分数の場合にも適用できることから，乗法の意味の拡張は，統合的・発展的に考察する力を養うことにつながる。

　以上のように，乗法の式「$a×b$」の意味を，「aを1としたときにbに当たる大きさ」として規定し直し，aを基準にする大きさ，bを割合として捉えることにより，乗法の意味を拡張するのである。

２．乗法の意味の拡張の指導

　小学校第2学年では，数のまとまりに着目し，同じ大きさの集まりにまとめて数えることを指導し，第4学年までに，整数の乗法は，「1つ分の大きさが決まっているときに，そのいくつ分かに当たる大きさ」や，「何倍かにあたる大きさ」を求めることとして意味づけがなされている。第5学年では，乗数が小数の場合を扱うことにより，乗法の意味の拡張を行い，第6学年では，乗数が分数の場合を扱う。

　「1mのねだんが120円のテープを2.4m買います。テープの代金はいくらになりますか」という問題をもとに，乗法の意味の拡張の指導について説明する。この問題に対して，「（1mのねだん）×（買った長さ）＝（代金）」という「言葉の式」に数値を当てはめることにより式を求める指導が考えられる。しかし，この指導では，「120×2.4」を立式することができるが，「言葉の式」が「120×2.4」と立式してよい根拠とはならず，十分な指導とはいえない。なぜ「120×2.4」と立式してよいのかという根拠を明らかにしなければならない。そのため，乗法の意味の指導を行うためには，「言葉の式」だけでなく，テープ図や比例数直線を用いた指導が必要である。以下では，

比例数直線を用いることにより，乗法の意味の拡張の指導について考える。

　まず，1mが120円であることから，1mと120円を対応させる。次に，2mの場合を考える。2m分に当たる大きさは120×2となる。これは，120を1としたときに2に当たる大きさを表し，2mは1mの2倍であることから，基準にする大きさ120の割合2にあたる大きさを求めているとみることができる。このように示せるのは，長さと代金が比例関係にあることを前提としているためである。

　そして，乗数が小数である2.4mの場合を考えると，同様にして，2.4mは1mの2.4倍であることから，割合2.4にあたる大きさは120×2.4となる。したがって，2.4mの代金を求める場合には，120を1としたときに2.4に当たる大きさを求めることになるため，120×2.4として立式することができる。さらに，120×0.6のように，乗数が1よりも小さくなる場合にも，テープ図や比例数直線を用いることにより，同様にして指導することができる。

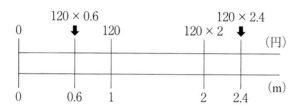

図3-25-1　比例数直線を用いた乗法の意味の拡張の説明（筆者作成）

　このように，テープ図や比例数直線を用いた指導により，120×2.4と立式できることを理解させ，乗法の意味を拡張することができる。また，乗数が整数の場合を扱った後，小数の場合を指導することにより，既習事項と関連させ，乗法の意味の拡張を実感させて指導することができる。

3．乗法の意味の拡張の指導における留意点

（1）小数の乗法で意味の拡張を子どもたちが意識していないこと

　中島（1968）は，小学校第5学年301名の児童を対象に，「乗法の指導を通して，拡張の必要について，子どもがどの程度に意識してきているか」などをねらいとして実証的な調査を行った。その調査結果の一つとして，乗数

を小数とする際に，同数累加の考えのままで乗法の意味を変えなければ不都合が起こることを意識していない子どもたちが約半数近くいることを示した。このように，子どもたちが意味の拡張の必要性を意識しない原因として，中村（1996）は「言葉の式」による立式指導を挙げ，「言葉の式」に頼らず，数直線を立式の根拠として用いることを提案している。

（2）割合の見方そのものが子どもたちにとって困難であること

　子どもたちは基準にする大きさを1とみる見方や倍の見方に困難性を有している。このような子どもたちの抱える困難性に対して，中村（1996）は乗法の問題場面に起因することを指摘し，小数の乗法の意味を割合でとらえさせるためには，「1あたりの大きさは何か」や「比例する数量の関係は何か」を子どもたちに意識させることが大切であると論じている。

　以上のように，乗法の意味の拡張の指導では様々な問題点が指摘されており，指導上の工夫が必要である。その際には，なぜ乗数が小数の際には同数累加の考え方ではできないのかということを，教師が一方的に説明するのではなく，子どもたち自身が発見できるように指導していくことが大切である。また，整数を用いた乗法や除法の意味の指導において，「基にする量の何倍」という割合の見方の基礎を十分に指導していくことも重要となる。

参考文献

文部科学省（2018）『小学校学習指導要領（平成29年告示）解説　算数編』
　　　日本文教出版.

中島健三（1968）「乗法の意味の指導について」『日本数学教育学会誌　算数教育』50（2），pp.2-6.

中村享史（1996）「小数の乗法の割合による意味づけ」『日本数学教育学会誌　算数教育』78（10），pp.279-285.

杉山吉茂（2008）『初等科数学科教育学序説－杉山吉茂講義筆記』東洋館出版社.

（栗原和弘）

Q 26　測定の指導の四段階について説明しなさい

1．測定の指導

　測定の学習は，単に測定する技能を獲得するだけではなく，測定の意味を理解し，測定の活動を通して量の概念の理解を深めることをねらいとしている。測定の意味とは「ある大きさの量に数を対応させ，量を数で表すこと」であり，外延量については，基準に取る量の大きさ（単位）を決め，ある量が基準の量の何倍あるかを表す数値をその量に対応させる（測定値）ことである。また「量を数で表す」ことは，その大きさの伝達や記録，計算による処理が可能という利便性につながる。

　私たちは，ものの大きさを比べるにあたって，調べようとする対象同士を直接比較したり，対象の大きさを適切な計器を用いて数値化したりする。「測定の指導の四段階」は，子どもの発達段階に応じた日常にもある経験を活かし，測定の指導や教科書の展開に取り入れることで，学習の充実を図るものである。

2．測定指導の四段階

　測定の指導の四段階は，大きく「比較」と「測定」に分けられる．「比較」は，量の数値化を行わず，大小関係の把握を行う．これに対し「測定」は，量を数値化することによって，「どちらがどれだけ大きいか」を知ることができる．このプロセスは，子どもが測定の意味を理解するとともに，先に述べた利便性などを含む測定の意義を知ることができるものである。

（1）直接比較の段階

　測定の意味の理解には，「何をどのように測定しようとするのか」を明確にすることが前提として必要である。直接比較の段階では，ものの大きさを並べて比較するなどの素朴な経験を通して，この前提を理解することができる。例えば二本の色鉛筆の長さを比べる時は，はしをそろえる必要がある。

リボンの長さを比べる時は，はしをそろえるだけでなく，まっすぐに伸ばす必要がある。

（2）間接比較の段階

　身の回りにある測定の対象となりうるものは，色鉛筆やリボンのようにいつでも自由に移動させ，直接比較することができるものばかりではない。この時，量の基本的な性質を利用して，同種の量を媒介として大小比較する工夫を行うことが必要である。これが，間接比較の段階である。例えば，違う部屋にある二つの窓の横の長さを比べようとする時，片方の窓の横の長さをひもに移し取り，これともう一つの窓の横の長さと比べる活動である。

（3）任意単位による測定の段階

　間接比較の段階において媒介とする量が，比べようとする量の大きさよりも小さい時，媒介する量の何個分であるかによって，量の大きさを数値で表すことができる。これが任意単位による測定の段階である。例えば，机の縦と横の長さを，消しゴム1個を単位として，その何個分かで表すことによって，「どちらがどれだけ大きいか」を把握することができる。またこの段階では，量を数値で表すことのよさを実感できることが大切である。

（4）普遍単位による測定の段階

　任意単位による測定は，用いる単位によって量の大きさを表す数値が異なる。よって，測定結果に関する情報の伝達などにおいて不便である。これは，mやgなど，メートル法などに基づく世界に共通な普遍単位を用いることによって解消することができる。これを普遍単位による測定という。また，普遍単位を知ることにより，計器を使った測定ができるようにする。

参考文献

藤井斉亮編著（2015）『算数・数学科教育』一藝社.

（辻　宏子）

Q 27　図形の求積公式の指導について説明しなさい

1．はじめに

『小学校学習指導要領（平成29年告示）解説　算数編』では，領域「図形」の内容が４つに大別されており，面積の学習はその中の「図形の計量の仕方について考察すること」に該当する。さらに，図形領域で働かせる数学的な見方は「図形を構成する要素，それらの位置関係や図形間の関係などに着目すること」，数学的な考え方は「根拠を基に筋道を立てて考えたり，統合的・発展的に考えたりすること」であることが示されている。

図形の計量に関して，算数科では角の大きさ，面積，体積を扱う。主に学ぶことは，図形を構成する要素に着目して，その大きさを数値化すること及び計算による面積，体積の求め方を考察することである。ここでは，面積に焦点を当てて図形の求積公式の学習指導について述べていく。

2．面積

面積とは，一般に，平面において図形が占める大きさ（広さ）を数値化したものである。その数値化の際は測定が行われる。測定とは，基準となる単位を決めて，その単位のいくつ分かで量を表すことである。面積の基本単位は正方形の面積である。一辺が１cmの正方形の面積を単位とし，それを１cm²とする。

こうした普遍単位の導入は，算数科では，その必要性を児童が実感できるよう，基本的には長さなど他の量と同様に，測定指導の４段階（直接比較，間接比較，任意単位による測定，普遍単位による測定）を経て行われる。また，単位が小さすぎる，あるいは大きすぎる場合には，より大きな単位や小さな単位を整合的に決める。すなわち，一辺が１mの正方形あるいは１mmの正方形の面積を，それぞれ１m²と１mm²とする。

正方形や長方形の面積は単位正方形のいくつ分かで求められ，三角形の面

積は長方形の面積から考えることができる。平行四辺形や台形はもちろん，一般に直線で囲まれている図形の面積は，三角形の面積に帰着させて求めることができる。

　その一方で，円など曲線で囲まれている図形については，単位正方形によって過不足なく覆い尽くすことはできない。この場合は，曲線図形を外側から覆うように長方形を敷き詰め，不足せずに長方形の全体が限りなくその曲線図形に近づくようにしていく。このときの長方形全体の面積を外測度という。また，曲線図形の内部に長方形を敷き詰め，長方形の全体が限りなくその曲線図形に近づくようにしていく。このときの長方形全体の面積を内測度という。そして，外測度と内測度が一致するとき，その値を面積とする。

3．図形の求積公式

　図形の求積公式に関する学習は，既習に帰着して図形の面積の求め方を考えること，その求め方から求積公式を導くこと，公式を利用して図形や身の回りにある形の面積を求めることの3つに大別することができるであろう。

　面積は，従来は領域「量と測定」で扱われていたが，平成29年告示学習指導要領からは，領域「図形」に位置づけられることとなった。このことから，面積の求め方に関する学習指導では，図形の性質や図形を構成する要素に児童が着目できるようにすることが一層大切となる。

　例として平行四辺形の面積の求め方（第5学年）について考察する。教科書では，三角形の面積を扱った後に平行四辺形を扱うものと，その逆の順番を採っているものがある。以下では，前者の流れを想定して述べる。

　平行四辺形の面積を求めようとするとき，既に長方形や三角形の求積公式は学んだことから，それらの公式を使うことができないかという着想が得られる。この着想から，図3-2-1のような操作を行うことが考えられる。

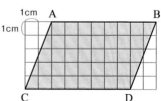

問題：右の平行四辺形の面積の求め方
　　　を考えましょう。

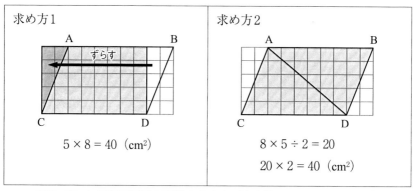

図3-27-1：平行四辺形の面積の求め方（清水他，2015，pp.124-125）

　求め方1は，平行四辺形を長方形に変形し，長方形の求積公式を用いて面積を求めている。求め方2は，平行四辺形の性質として，対角線で合同な2つの三角形に分けられること，あるいは向かい合う辺の長さが等しいことを用いている。このようにして面積を求めることが，既習に帰着して図形の面積の求め方を考えることである。求め方を式だけでなく言葉で説明する機会を設けることも，表現力の育成という観点から重要である。

　さらに，長方形や三角形の場合では求積公式を導いたことから，平行四辺形についても求積公式が得られないか考える。求め方1では，変形した長方形の縦の長さは平行四辺形の高さであり，横は平行四辺形の底辺に当たる。このように平行四辺形の構成要素を意識することで，平行四辺形の求積公式として底辺×高さを導くことができる。一方，求め方2については，2つの式をまとめて考えれば，8×5と表すことができる。そして，式の数値と平行四辺形の構成要素との対応を考えることで，同様の求積公式を得ることができる。

　こうした学習を通して，既習の知識を使って問題を解決する力や，複数の考え方を統合し，公式として簡潔・明瞭・的確に表現する力を育成することが，図形の求積公式の学習指導では大切である。

4. 図形の求積公式の利用

　平成19年度全国学力・学習状況調査において，与えられた情報をもとに，平行四辺形の形をした公園と長方形の形をした公園の面積を比べる問題が出題された。正答率は18.2%であり，平行四辺形の面積を底辺×斜辺で求めている誤答が34.4%であった。おそらく多くの児童は求積公式それ自体はよく知っていると思われるが，こうした結果から，それが生きて働く知識となっていない可能性が考えられる。学習指導にあたっては，長さの情報を過分に与え，必要な情報を児童が選択したり，逆に図形だけ与え，必要な長さを児童が定規で測って自ら求めたりする機会を設けることが重要である。

　身の回りにある形は，必ずしも長方形や三角形など基本的な図形であるとは限らない。そのため，その面積を知りたいときには，その形の概形を捉えることが有効である。例えば，都道府県や市町村，島，湖などの面積が知りたいとき，これらの概形を三角形や円などとして捉えることができれば，計算によっておよその面積を求めることができる。むやみに形を細かく捉えても意味がなく，およその面積を求めるという目的に照らして適切な判断を児童ができるようにしたい。

　数学的活動には，日常の事象から見いだした問題を解決する活動，いわゆる数学的モデリングがある。数学的モデリングでは，数学の知識を日常の事象に利用することができるよう，目的を達成するために不都合がない範囲で，事象を理想化したり単純化したりする。一方，そうした理想化や単純化のため，数学的処理によって得られた結果は，およその値にしか過ぎない。計算によって面積を求めることができるという算数のよさと同時に，理想化や単純化に伴う制約も児童が次第に理解できるようにしたい。

参考文献

清水静海他（2015）『わくわく算数5』啓林館.

（小松孝太郎）

Q 28　統計的問題解決の指導について説明しなさい

統計的問題解決の指導について

　統計的問題解決は一連の過程であり，それを指導するのはなかなか難しい。棒グラフや折れ線グラフなどの統計グラフや，平均値や中央値などの統計量を教えることについては，作業手順も明確なため比較的指導しやすいのに比べ，「問題」，「計画」などは，自由度も高く，取り組んでいる題材などその時々によって変化するため手順を伝えるだけでは指導としては不十分である。また，「分析」や「結論」についての見通しなども持っていないと，的確な計画は立てられないため，児童が自律的に行うのは難しい。かといって教師主導が過ぎると，児童にはやらされている感が出てきてしまったり，教え込みのようになってしまう。そうならないための工夫が必要である。

（1）既存のデータを利用する

　統計的問題解決のプロセスが「問題－計画－」となっているからといって，指導する際にもこの順番通りに「問題」から指導しなくてはいけないというわけではない。むしろ一番最後に指導するくらいの方がよいくらいである。

　「問題」のプロセスにまともに取り組むとなると，日常生活などで直面した問題を統計的に取り組むことのできる問題に置き換えなくてはならない。例えば「学級で忘れ物が多い」という問題でもいい。この問題を解決するためにどのように統計を用いればよいのかと問われても，答えられる児童は少ないだろう。統計的な問題を設定する際には，問題の置き換えだけでなく，その後の調査計画や分析の仕方，場合によってはある程度の結論の見通しなども持っていないと満足にはできない。そのため，統計的問題解決の経験の少ない児童が「問題」に取り組むのは難しいのである。

　これを回避するための1つの方法として，データ収集する活動を省き，すでに集められている既存のデータを用いることが挙げられる。教師が事前に

児童にアンケートをしてデータを準備しておくのでもよい。

　ここで用いるデータは、1項目しかないような単純なデータではなく、複数の項目が盛り込まれたデータがよい。1項目だけだと、例えば「先週1週間でいくつ忘れ物をしましたか」というアンケートの回答結果が集められていたとすると、忘れ物の個数の羅列でしかないので、平均値や中央値、最頻値を求めたり、度数分布表、柱状グラフをかくくらいしかできない。

　忘れ物のデータとして、例えば「学年」「性別」「忘れたものの種類（宿題、教科書、ノート、ハンカチなど）」「忘れ物をした曜日」などいろいろな項目があれば、どの項目に注目して分析するか考える余地があり、また仮説として予想されることも出てくるだろう。「低学年の方が忘れ物は多いのではないか」「月曜日の忘れ物が多いのではないか」などのようにである。このように予想や仮説を立てる活動が簡略化されているが、「問題」にあたる。各々の設定した問題に基づき、データの中のどの項目を用いて分析するかを考えることとなり、これが「計画」にあたる。実際に必要な項目を拾い出して整理し直す活動が「データ」にあたり、以降「分析」「結論」と展開していくこととなる。このような展開であれば、統計的問題解決の経験の少ない児童でもそれほど無理なく取り組んでいくことができる。

　簡略化されているとはいえ、自分なりに問題を設定したり、データを組み合わせて分析する経験を積むことができる。いずれはデータが全くない状況でも、この経験を想起し、「こんなデータがあればこんな風に分析できるのに」などと考えが浮かぶようになり、統計的問題解決に取り組むことができるようになっていくだろう。

（2）ある程度焦点化された問題を扱う

　例えば「目を閉じて片足で何秒立っていられるか（閉眼片足立ち）」などでもよい。みんなで計測すれば長く立っていられる児童から短い児童までいろいろ差が生じるはずである。その記録に目を向けて、「長く立っていられる人はどんな人だろう」、「長い人と短い人でどこか違うのかな」などとみんなで考えるのである。題材は閉眼片足立ちでなく他のものでも構わない。優劣で心を痛める児童が出ないような他愛のないものがいいだろう。

　児童に投げかければいろいろな予想をするだろう。例えば，「体操やバレエを習っている子が長いのではないか」「片足にする時の足の上げ方に違いがあるのではないか」などもあるだろうし，「血液型によって違うのではないか」など，本質的に関係しないと思われるものが混ざっても構わない。

　これらの予想は統計的には「仮説」ともいえるもので，プロセスで言えば「問題」に相当する。自分たちで予想した仮説が成り立つかどうかを調べるために，再度閉眼片足立ちをやってみたり，みんなでアンケート調査をしたりすることになるだろう。その準備や段取りを立てることが「計画」に相当する。あとは計画に沿って，「データ」「分析」「結論」と進めていけばよい。

　このような活動では，現実の問題を統計的な問題に置き換える必要がなく，「記録が長い人と短い人の違いや要因」など，始めから統計的な問題に焦点化して授業が展開されることとなる。そのため児童は無理なく統計的問題解決を進めることができる。先ほどの既存のデータを用いる場合と違って，実際にデータ収集する活動もあるため，「計画」や「データ」のプロセスについてもより具体的に経験させることができる。

　「血液型による違い」など記録に影響しそうにない仮説が出てきても，調べてみて特に違いがないことが確認できればいいため，児童から出てきたアイデアは特に否定することなく調査に盛り込んでしまえばいい。ただし，差別的な要素が入っているものや児童の中で嫌な思いをする子が出るような意見は止めるようにした方がいい。

（3）1周目の活動で方向付ける

　統計的問題解決では，分析に用いる手法や統計グラフについて，本来特に制限はなく，いろいろな手法を組み合わせて用いるのが望ましい。そうすることで多面的にデータの特徴や傾向をとらえることができ，見落としや誤った判断を避けることができる。だが児童の学年によっては，注意が必要なこともある。児童にアンケートを考えさせた際に，数字で回答してもらうような項目があると，量的データの扱いとなり，代表値や度数分布表，ヒストグラムが関連するが，第5学年までの児童ではこれは扱えない。あるいは分析に用いるグラフも既習の中のどれを使えばいいのか困ってしまったり，不適

切なものを用いてしまうかもしれない。

「数字を回答してもらうのはやめておきなさい」や「分析の際には円グラフを用いなさい」など制約を与えてしまうと主体的な取り組み感が薄れてしまうため，どのように支援するか教師として悩ましいところである。

これを解決するために，例えば簡略化した問題解決を一通り経験させるという手がある。先ほどの閉眼片足立ちを例とすると，まずはこの記録を男女，あるいはクラス別で比べることをみんなで足並みを揃えてやってみる。その際に用いる分析手法で教師が児童に使ってほしいものを参考例として示すのである。

例えば閉眼片足立ちの記録を柱状グラフでまとめる活動を先にしておけば，続く活動でも児童は柱状グラフを使おうとするだろう。5年生以下の場合には，ある秒数で区切って円グラフや帯グラフで分析させることもできる。

その流れで，「どうして記録に違いが出るのか，今度は自分で予想を立てて調べてみよう」という形で児童に委ねるのである。ここから「問題」「計画」と一連のプロセスを児童に取り組ませる。そうすると，先の一連の流れを踏襲して取り組むので，児童の活動が自然と1周目の活動に沿う形で展開される。教師の介入をあまり必要とせずに主体的に進められるだろう。

参考文献

青山和裕（2020）「小学校算数科において求められる統計教育」『日本数学教育学会第8回春期研究大会論文集』日本数学教育学会，pp.303-308.

（青山和裕）

Q 29　ICT を利用した算数科の指導について説明しなさい

1．算数科の指導で利用する新旧 ICT

　Information and Communication Technology（情報通信技術以下，ICT）には新旧がある。算数科の指導において利用する ICT として，そろばん，電卓，コンピュータ，情報通信ネットワーク等がある。また，普段の授業で利用するチョークや黒板も ICT である。

　計算結果を確認したりする場合に，電卓を利用することがある。このとき，電卓は旧い ICT である。新しい ICT として電卓を利用する算数指導として，次のような取組はどうだろうか。例えば，$11 \times 11 = 121$ であることは乗法九九の拡張としても知っているかもしれない。$111 \times 111 = 12321$ となる。このように，1 が連続している数（111…）どうしをかけ合わせていった場合の計算結果を予想してみる。電卓を利用すれば，結果を瞬時に確認することができる。$1111 \times 1111 = 1234321$，$11111 \times 11111 = 123454321$ といった結果となる。このとき，電卓は新しい ICT である（Okawa, 2013）。筆算の形式で説明すれば，1 が連続している数を連続している個数分だけ 1 桁ずつずらして足していくことになる。例えば，11111111×11111111 のように，1 が 8 個連続している場合には，11111111 を 8 個 1 桁ずつずらして足していく。結果は 123456787654321 となり，1 から 8 まで昇順に数が並び，7 から降順に 1 まで数が並ぶ。一般電卓では，オーバーフローとなり，表示できない。

2．複数の ICT を利用した算数指導の創造

　平成 29 年改訂学習指導要領では，算数科においてもプログラミング教育を行う。プログラミングの体験を通して，論理的思考力を身に付けるための活動を行う場合には，数学的な思考力・判断力・表現力等を身に付けたり自分の意図した活動に活用していけるようにすることが大切である。

複数のICTを利用することで，新たな数学的活動が期待できる。例えば，データ制御機能を有するソフトウェアKinect Integration For EV3/NXTを用いて，ジェスチャー認識機能を有するKinectとロボット制作機能を有する教育版レゴマインドストームEV3を連動することで，自身の身体をコントローラとしてロボットを制御することができる（波形他，2018）。また，利用するICTの各機能に着目し，数学的活動の説明もできる（松嵜，2017）。

図3-29-1　ジェスチャーを使ってロボットを動かす児童たち
（出典：『文化新聞』2018年8月17日発行）

参考文献

松嵜昭雄（2017）「小・中・高等学校を見通したプログラミング指導とモデリング－ICT利用を前提とするモデリングの記述に焦点をあてて－」『日本科学教育学会第41回年会論文集』pp.147-148.

文部科学省（2018）『小学校学習指導要領（平成29年告示）解説　算数編』日本文教出版.

波形政輝・並木惇・菅原悠平・松嵜昭雄（2018）「ジェスチャーによるロボット操作を取り入れた小学生対象のワークショップの実践報告」『2018年度数学教育学会夏季研究会（関東エリア）』pp.40-43.

Okawa, T.（2013）. The mathematics knowledge embedded in new ICT: Does it exceed its in old one?, Proceedings of EARCOME6, Vol.2, pp.505-513.

（松嵜昭雄）

Q 30　プログラミング的思考の指導について説明しなさい

1．プログラミング的思考

　小学校学習指導要領総則では，情報活用能力が「学習の基盤となる資質・能力」であり，「プログラミング的思考」を含むものとされた。プログラミング的思考の育成は，小学校プログラミング教育の主要な目的の1つである。

　プログラミング的思考は，「自分が意図する一連の活動を実現するために，どのような動きの組合せが必要であり，1つ1つの動きに対応した記号を，どのように組み合わせたらいいのか，記号の組合せをどのように改善していけば，より意図した活動に近づくのか，といったことを論理的に考えていく力」と定義される。これは，学校教育におけるプログラミング教育のねらいとして対立しがちな2つの側面，それは，論理的思考力や創造力，問題解決能力といった資質・能力を育むという側面と，コンピュータを動かすために必要なコーディングを学ぶという側面であるが，これらを密接に関連付けた新しい用語である。将来プログラミングに携わる職業を目指すにしても，どのような進路を選択しどのような職業を目指すにしても，これからの社会を生き抜く子どもたちに普遍的に求められる力である。

2．算数科でのプログラミング的思考の育成

　言うまでもなく，文章題のストーリーをプログラミングによってアニメーション化しても，本来のプログラミング的思考は身に付かない。

　プログラミング教育の文脈での算数科指導としては，例えば，第5学年図形領域の正多角形の単元が挙げられる。辺の長さが全て等しく，角の大きさが全て等しいという性質に基づいて正多角形を作図する場面を考える。定規と分度器を用いた手書きでの作図では，正方形や正三角形はある程度正確に描けるが，正五角形や正六角形の作図は誤差が生じやすいなど，簡単ではな

い。そこで，プログラミングによる作図を体験させる。児童は，手書きで作図する際の「長さ□cmの線を引く」，「（線の端から）角度が〇度の向きを見付ける」などの操作に対応する命令は何か，それらをどの順に組み合わせれば良いのかを考えるだろう。また，正三角形を描く際に「60度曲がる」と命令しても正しく描けない理由を，話し合いや試行錯誤を通じて考察することで，図形の構成要素に着目した理解を深めていく。さらに，出来上がったプログラムを振り返ることで，繰り返しの命令を用いるとより簡潔なプログラムになることや，一部を修正するだけで別の正多角形の作図プログラムに変化することにも気付くことができる。

　なお，算数科ではこれまでも，プログラミング的思考として示された能力の育成を図ってきたことを，改めて認識したい。例えば筆算は，一連の計算手続きを1つ1つの基本的な手順に分解し，記憶し，反復するという，確実な計算遂行のために編み出された方法であり，直接プログラミングを用いていないが，プログラミング的思考の育成に直結するものである。また，ある条件下では基本的な計算手順を省略できたり，いくつかの基本的な手順をまとめた合理的な計算手続きを，目的に応じて選べたりすることに気づくことも同様である。プログラミング的思考を効果的に育成しうる指導の機会を，適切に捉えることが大切である。

参考文献・URL

文部科学省（2016）「小学校段階におけるプログラミング教育の在り方について（議論の取りまとめ）」https://www.mext.go.jp/b_menu/shingi/chukyo/chukyo3/053/siryo/__icsFiles/afieldfile/2016/07/08/1373901_12.pdf（2020年4月30日閲覧）.

文部科学省（2020）「小学校プログラミング教育の手引（第三版）」https://www.mext.go.jp/content/20200218-mxt_jogai02-100003171_002.pdf（2020年4月30日閲覧）.

（髙橋　聡）

第**4**章
算数科の評価法

▌Q 31　算数科における評価の観点を概説しなさい

1．指導と評価の一体化

　平成29年の小学校学習指導要領改訂にあたっては，これまでの教科の目標の記述が改められ，「資質・能力」の３つの柱（「知識及び技能」，「思考力，判断力，表現力等」，「学びに向かう力，人間性等」）によって整理された算数科の目標が示された。学習指導要領に基づく指導に対する学習評価では，こうした資質・能力が児童に身に付いたかという学習の成果を的確に捉えることが必要である。そして，教師が自身の指導の改善を図るとともに児童自身が学習を振り返って次の学習に向かうことができるようにすることが求められる。つまり，学習評価とは，児童に「どのような力が身に付いたのか」を捉えるだけでなく，それを通して教師が指導を改善していくこと，また，児童の学習を充実させていくことが含まれている。

　児童の学習の成果を捉えるには，算数の指導がどのような目標の下に行われているかが重要になる。練習問題や計算ドリルばかりをさせていたのでは，考える力は育たない。こうした指導をしておいて，児童の考える力を評価しようとするのは筋が通らない。算数の指導が，どのような目標をもって計画され，どのような指導を行ったのか，それに見合う評価をしなくてはならない。そして，捉えられた学習の成果は教師の指導の成果であり，児童を評価するということは教師の指導を評価するということになる。教師には，

自身の指導を見直し，改善していくことが求められるのである。

　評価は指導と別のものと捉えるのではなく，密接に関係しているものとして捉える必要がある。指導に基づいて評価はなされるべきであり，評価を通して指導は改善されていく。こうした意味で，指導と評価の一体化が重要なのである。

２．学習評価の在り方

　評価というと，学期末や単元末にテストをして，学習した内容の理解度や定着度を調べることと捉えがちである。しかし，指導と評価の一体化を目指すには，これだけでは不足である。単元や授業の前に，児童が既習事項をどれぐらい理解しているか，できるか，といったことを把握することで，指導の仕方を考えることができる。また，授業における机間指導やノートの確認で取り組み方や考え方を見ることができる。こうした児童の把握から，理解が不十分なことを補ったり，考え方や表現の未熟な部分をより良い方向へ導いたりすることができる。授業前，授業中，授業後の適切な評価によって指導を常に見直し，児童に合わせて改善していかなくてはならない。

　学習評価を児童や保護者と共有したり，学校の記録として残したりする方法として，学習状況を分析的に捉える「観点別学習状況の評価」と，それらを総括的に捉える「評定」が，学習指導要領にある教科の目標に準拠する評価として定められている。観点別学習状況の評価においては，「知識及び技能」に対する評価の観点として「知識・技能」，「思考力，判断力，表現力等」に対して「思考・判断・表現」，「学びに向かう力，人間性等」に対して「主体的に学習に取り組む態度」が示されている。（図4-31-1）

　学習指導要領に示す目標について，観点ごとに評価を行い，「十分に満足できる」状況と判断されるものを「A」，「おおむね満足できる」状況を「B」，「努力を要する」状況を「C」とする。評定は第３学年以上について「十分に満足できる」状況と判断されるものを「３」，「おおむね満足できる」状況を「２」，「努力を要する」状況を「１」とする。また，観点別学習状況の評価や評定には示しきれない児童一人一人のよい点や可能性，進歩の状況につ

いては「個人内評価」として実施する。

　こうした評価は，集団における位置を示す相対的評価ではなく，目標に対する個人の達成度を捉える絶対評価で実施する。このため，内容のまとまりごとに評価規準を作成し，この規準から評価をしていくことになる。

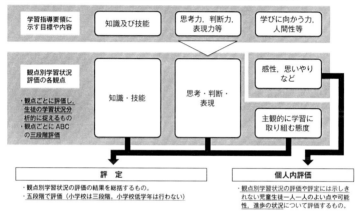

図4-31-1　各教科における評価の基本構造
（出典：中央教育審議会初等中等教育分科会教育課程部会，2019，p.6）

3．観点別学習状況の評価

（1）知識・技能

　「知識・技能」の評価は，学習を通して習得した知識や技能について評価する。習得すべき知識や重要な概念を理解しているかという知識・理解と，習得すべき技能を身に付けているかという技能を対象としている。ここには，既習の知識及び技能と新しいものを関係づけ，他の学習や生活の場面でも活用できる程度に概念等を理解し，技能を用いることが含まれている。

　具体的な評価の方法としては，ペーパーテストにおいて，学習した知識を覚えているかを問うような問題と，覚えている知識の概念的な理解を問うような問題とを出題することや，実際に知識及び技能を用いるような場面を設

定して，その場面において知識を問うたり，技能を用いたりする問題を出題することが考えられる。

（2）思考・判断・表現

「思考・判断・表現」の評価は，獲得した知識及び技能を活用して問題を解決したりするために必要な思考力，判断力，表現力等を身に付けているかを評価する。このためには，児童が思考，判断，表現する場面を授業において設定し，これを用いた指導を行わなくてはならない。

これらをペーパーテストの応用問題の途中式や答えの正誤のみで捉えることは難しい。ペーパーテストのみではなく，授業中の発表や話し合い，ノートの記述，レポートや作品，学習感想など多様な面から捉える必要がある。

（3）主体的に学習に取り組む態度

「主体的に学習に取り組む態度」の評価は，児童の学びに向かう力や人間性等を捉えるものであるが，最初に留意すべき点がある。それは，学びに向かう力や人間性等には，見取ることができる部分と，観点別学習状況の評価や評定にはなじまず，示しきれない部分とがあるということである。これらは個人内評価の対象となり，児童が学習したことの意義や価値を実感できるように，日々の教育活動の中で伝えていくことが重要である。

「主体的に学習に取り組む態度」を捉えるには，学習において知識及び技能を習得したり，思考力，判断力，表現力等を身に付けたりするために，自らの学習状況を把握し，学習の進め方を調整して改善しながら粘り強く学ぼうとしているかという意思的な側面を評価する。授業中の取り組みや発言などから注意深くよみとっていく必要がある。

参考文献

中央教育審議会初等中等教育分科会教育課程部会（2019）「児童生徒の学習評価の在り方について（報告）」.

国立教育政策研究所教育課程研究センター（2019）『「指導と評価の一体化」のための学習評価に関する参考資料（案）（小学校・中学校）』.

（蒔苗直道）

Q32　知識・技能の評価について説明しなさい

1．知識・技能の評価とはどのようなものか

　知識・技能の評価は，児童に育成を目指す資質・能力の3つの柱の1つである「知識及び技能」について，学習指導要領に定める各教科等の目標に照らして，各教科等における学習の過程を通したその習得状況について評価するとともに，それらを既有の知識及び技能と関連付けたり活用したりする中で，他の学習や生活の場面でも活用できる程度に概念等を理解したり，技能を習得したりしているかについても評価するものである。平成29年改訂学習指導要領において，全ての教科等の目標と内容が，育成を目指す資質・能力の3つの柱で再整理されたことを踏まえて，学校における児童の学習状況を観点ごとに分析的に捉える「観点別学習状況の評価」について，各教科を通じて，「知識・技能」，「思考・判断・表現」，「主体的に学習に取り組む態度」の3観点に整理された。各教科の学習評価（学校における教育活動に関し，児童生徒の学習状況を評価するもの）については，「観点別学習状況の評価」と，これらの評価を総括的に捉える「評定」の両方について，学習指導要領に定める目標に準拠した評価として実施するものとされている。

　知識・技能の評価によって，概念や性質の理解に裏付けられた確かな知識及び技能の習得へ，さらには，他の学習や生活の場面でも活用できるような知識及び技能の習得へと，学習と指導の改善に生かすことが期待される。

2．知識・技能の評価はどのように行うか

　単元における知識・技能の評価を行う際は，授業に先立ち，単元における知識・技能の「評価規準」（観点別学習状況の評価を的確に行うため，学習指導要領に示す目標の実現の状況を判断するよりどころを表現したもの）を他の観点のものを含め作成し，評価場面や評価方法を計画したりして，日々の授業の中で児童の学習状況を把握し，学習や指導の改善に生かしていく。

算数科における知識・技能の評価に適する方法として，児童の活動の様子やノート等の記述内容の観察，ペーパーテストによる方法が考えられる。ペーパーテストにおいては，事実的な知識の習得を問う問題と，知識の概念的な理解を問う問題とのバランスに配慮するなどの工夫を図るとともに，児童が文章による説明をしたり，式やグラフで表現したりするなど，実際に知識や技能を用いる場面を設けるなど，多様な方法を適切に取り入れていく。

　知識・技能の評価のうち，主に「努力を要する」状況と考えられる児童の学習状況を確認し，その後の指導に生かすための評価の場面としては，毎時間の授業における机間指導が考えらえる。その評価方法は，自力解決の際のノートの記述内容や，適用問題についての記述内容の観察が考えられる。このように，学習状況を確認し，その後の指導に生かす「形成的評価」によって，特に「努力を要する」状況と考えられる児童には確実に習得できるように指導し，個々の児童の指導の補完を行うことが大切である。

　また，特に学級全員の児童の学習状況について，総括の資料にするために記録に残す評価の場面は，単元末に設定することが考えらえる。というのは，算数科における知識は単元を通して繰り返し使う中で定着し理解が深まり，技能も繰り返し使うことで習熟していくからである。その評価方法は，ペーパーテストによる方法が考えられる。ただし，テストのみで評価するのでなく，毎時間の机間指導などにおいて児童の学習状況を把握し，ノートの記述や適用問題からの情報も得ながら，評価の妥当性を確保することが望ましい。

参考文献

国立教育政策研究所教育課程研究センター（2020）『「指導と評価の一体化」のための学習評価に関する参考資料小学校算数』東洋館出版社.

文部科学省（2018）『小学校学習指導要領（平成29年告示）解説　算数編』日本文教出版.

（伊藤伸也）

Q 33　思考力・判断力・表現力の評価について説明しなさい

1．「思考力・判断力・表現力」の背景と位置づけ

　「思考力・判断力・表現力」という言葉は，平成20年（2008年）告示の学習指導要領から用いられるようになった。とりわけ，OECD/PISAの国際学力調査の結果から，わが国の児童生徒の課題とされ，重視されるようになった。ここでの課題とは，わが国の児童生徒が知識や技能を問う問題はよくできるものの，それらを日常の場面で活用するような問題には弱いというものである。「PISA型学力」などと呼ばれ，最近では，全国学力・学習状況調査のB問題でこうした学力が問われている。

　平成29年（2017年）告示の学習指導要領では，この言葉の意味するところがより明確化された。平成28年12月の中央教育審議会答申を踏まえ，教育課程全体を通して育成を目指す資質・能力を，「知識及び技能」，「思考力，判断力，表現力等」，「学びに向かう力，人間性等」の3つの柱で整理することとなったのである。3つの柱は，それぞれ「何を理解しているか，何ができるか」，「理解していること・できることをどう使うか」，「どのように社会・世界と関わり，よりよい人生を送るか」に対応する。「思考力，判断力，表現力等」は，2つ目の習得した知識及び技能を活用して日常生活の課題を解決できるような力を意味するのである。

　小学校算数科の場合，全体の目標，各学年の目標がすべてこの3つの柱に対応し整理されている。例えば，全体の目標における「思考力・判断力・表現力等」の資質・能力は次のようなものである。

　「日常の事象を数理的に捉え見通しをもち筋道を立てて考察する力，基礎的・基本的な数量や図形の性質などを見いだし統合的・発展的に考察する力，数学的な表現を用いて事象を簡潔・明瞭・的確に表したり目的に応じて柔軟に表したりする力」

この文は3つの部分で構成されており，それぞれがおおよそ思考力，判断力，表現力に相当する。

2．具体的な指導内容として

今回の学習指導要領で特徴的な点は，指導内容についても，各学年各内容における「知識及び技能」と「思考力，判断力，表現力等」の二つが明示されるようになった点である。個々の学習内容において，「ア　次のような知識及び技能を身に付けること」，「イ　次のような思考力，判断力，表現力等を身に付けること。」とあり，それぞれに具体的な資質・能力が箇条書きで示されている。例えば，第1学年「A，数と計算」領域の「加法及び減法」に関するところでは，次の「思考力，判断力，表現力等」があげられている。

「(ア) 数量の関係に着目し，計算の意味や計算の仕方を考えたり，日常生活に生かしたりすること。」

この文の意味するところは，学習指導要領解説で詳しく説明されている。例えば，「数量の関係に着目し，計算の意味を考えること」の意味が具体的な問題場面で示されている。そこでは，「太郎さんは，前から8番目にいます。太郎さんの後ろに7人います。全部で何人いるでしょう」という問題において，図を用いて加法の場面であることを判断することが大切とされている。実際，この問題は，文章の意味を考えずに単に8＋7と立式する児童が少なくない。式としては正しいものの，本来8番目と7人は数の種類が異なり足すことはできない（前者は順序数，後者は集合数）。そのため，図を用いることにより8番目であることがそこまでに8人いることであることを把握し，集合数の加法が適用できると判断しなければならないのである。

したがって，「思考力，判断力，表現力等」の評価においては，単に問題に正答できる，式を与えられるということではなく，日常の場面で数学的な要素に着目し，言葉，数，式，図，表，グラフなどを用いて，そこに潜む数量関係を表し捉え直すこと，そうして算数を日常生活に生かしていくことができているかという視点で評価することが大切になるのである。

（宮川　健）

Q34　主体的に学びに向かう態度の評価について説明しなさい

　主体的に学習に取り組む態度の評価及びその評価に基づき児童の学習や教師の指導の改善を考える際には，生涯にわたり学習する基盤を培う視点をもつことが大切である。2017年改訂学習指導要領では，各教科等の目標や内容を，資質・能力の3つの柱「知識及び技能」，「思考力，判断力，表現力等」，「学びに向かう力，人間性等」で整理している。「学びに向かう力，人間性等」の涵養を図ることは，生涯にわたり学習する基盤を形成する上で極めて重要である。しかし，「学びに向かう力・人間性等」には，感性や思いやりなど観点別評価には馴染まない部分がある。そこで，観点別評価を通して見取ることができる部分を主体的に学習に取り組む態度として評価する。それゆえ，主体的に学習に取り組む態度は，「学びに向かう力，人間性等」の資質・能力に関わり，算数及び各学年の目標の（3）に対応するものである。

　主体的に学習に取り組む態度について，2つの側面を評価することが求められる。第一に，知識及び技能を習得したり，思考力，判断力，表現力等を身に付けたりすることに向けた粘り強い取組を行おうとしている側面である。第二に，第一での粘り強い取組を行う中で自らの学習状況を把握し学習の進め方について試行錯誤するなど，自らの学習を調整しようとする側面である。単に算数の学習内容に関心をもつことに留まらず，よりよく学ぼうとする意欲をもって学習に取り組む態度を評価することが肝要である。それゆえ，挙手の回数や毎時間ノートをとっているなど，性格や行動面の傾向を評価するということではないことに留意したい。

　主体的に学習に取り組む態度の評価を行う際に教師が用いる材料として，ノートやレポート等における記述，授業中の発言が考えられる。また，教師による行動観察や児童による自己評価や相互評価等の状況も材料となる。

　主体的に学習に取り組む態度を児童に育むために，日々の授業で適宜指導

を行うことが不可欠である。児童の学習の調整が思考力，判断力，表現力等の獲得などに結び付いていない場合には教師が学習の進め方を適切に指導するなど，学習評価の結果を児童の学習改善につなげることが大切である。また，学習評価の方針等を児童と事前に共有し，児童が自らの学習の見通しをもって学習の調整を図ることができるようにすることも考えられる。

授業で適宜指導を行うために，評価規準を作成するとともに，学習状況を評価する時期や場面，方法の計画を立てることが大切である。計画を立てる際には，複数の単元にわたるなど長期的な視点で評価することもあり得ることに留意したい。また，教師同士で，評価規準や評価方法を検討し明確にしたり，ノート等の記述や行動観察等に関する事例を蓄積し共有したりすることも重要である。

評価規準を作成するにあたって，当該学年目標の（3）を参考し，主体的に学習に取り組む態度の趣旨及び「小学校学習指導要領解説算数編」などにおいて示された内容をもとに具体的な学習活動や指導事項を踏まえて具体化し，その文末を「〜している」とすることが考えられる。また，既に公表されている小学校算数科における「内容のまとまりごとの評価規準（例）」（国立教育政策研究所，2020）及び学習評価に関する事例を参照することが考えられる。

参考文献

国立教育政策研究所（2019）『学習評価の在り方ハンドブック（小・中学校編）』https://www.nier.go.jp/kaihatsu/pdf/gakushuhyouka_R010613-01.pdf（2020年4月30日閲覧）.

国立教育政策研究所（2020）『「指導と評価の一体化」のための学習評価に関する参考資料小学校算数』https://www.nier.go.jp/kaihatsu/pdf/hyouka/r020326_pri_sansu.pdf（2020年4月30日閲覧）.

（茅野公穂）

第5章

算数科に固有な「見方・考え方」

▎Q 35　「数学的な見方・考え方」について説明しなさい

1．平成 29 年改訂学習指導要領における「見方・考え方」

　「見方・考え方」という文言は，平成29年改訂学習指導要領において各教科等（外国語活動，総合的な学習の時間，特別活動を含む）の目標の冒頭で「○○的な見方・考え方を働かせ」などのように統一的に示されている。この「見方・考え方」は，「児童が各教科等の特質に応じた物事を捕らえる視点や考え方（見方・考え方）を働かせながら，目標に示す資質・能力の育成を目指すことを示している」という。算数科における「数学的な見方・考え方」とは「事象を数量や図形及びそれらの関係などに着目して捉え，根拠を基に筋道を立てて考え，統合的・発展的に考えること」として示されている（小学校学習指導要領（平成29年告示）解説算数編）。また，「数学的な見方」と「数学的な考え方」に分けて次のようにまとめられている。（文部科学省，2018）

表 5-35-1　「数学的な見方」と「数学的な考え方」

「数学的な見方」	事象を数量や図形およびそれらの関係についての概念等に着目してその特徴や本質を捉えること
「数学的な考え方」	目的に応じて数，式，図，グラフ等を活用しつつ，根拠を基に筋道を立てて考え，問題解決の過程を振り返るなどして既習の知識及び技能等を関連付けながら，統合的・発展的に考えること

２．数学的な考え方はなぜ重要なのか

「数学的な見方・考え方」の今日的意義をよりよく理解するためには，数学的な考え方という概念の歴史的変遷を知ることが重要である。なぜなら，数学的な考え方は，わが国の算数・数学教育の展開に一貫する目標概念でありながら，その意義は時代によって異なるからである。そこで以下では，目標としての数学的な考え方の歴史的変遷に言及した文献（中島，1981；植田，2006，2013；長崎，2007，など）をもとに論点を整理する。

（１）数理思想と数学的な考え方

数学的な考え方の萌芽として知られているのが昭和10年（1935年）から使用された国定教科書『尋常小学算術』（緑表紙教科書）の教育理念であった「数理思想」である（植田，2006；長崎，2007）。ここで重要なことは，「数学的な考え方は，日本の算数・数学教育の歴史の中で，算数・数学教育の目標として実質陶冶と形式陶冶を総合しようとする中で生まれてきた」（長崎，2007，p.166）という背景である。実質陶冶とは，生活上必要な知識や技能の育成を算数・数学教育の目的として重視する考え方である。これに対して，形式陶冶とは精神的な能力（思考力）や態度の育成を算数・数学教育の目的として重視する考え方である。「数理思想の開発」という教育理念の意義は，伝統的な算数・数学教育の実用的側面よりも，精神的な能力や態度の育成を基調とした点にあると考えられる。

「数理思想とは，数理を愛し，数理を追求・把握して喜びを感ずる心を基調とし，事象の中に数理を見い出し，事象を数理的に考察し，数理的な行動をしようとする精神的態度」（塩野，1970）

（２）中心概念と数学的な考え方

数学的な考え方の歴史的変遷をみていくとき，昭和31年（1956年）改訂の高等学校学習指導要領（数学科）に注目することが多い。それは，数学的な考え方という文言が目標として初めて明示されたという事実だけでなく，「中心概念」と呼ばれる数学的な考え方の具体的内容が示されたことによる。「中心概念」の意義は，高校数学科の内容を，「解析Ⅰ」「解析Ⅱ」「幾何」と

いった領域別の科目編成から「数学 I」「数学 II」「数学 III」といった総合型の科目編成に改めようとした際，異なる内容領域に共通する数学的な方法や活動を明確にした点にある（中島，1981，pp.108-109）。例えば，数学 I における「中心概念」は，代数的内容と幾何的内容の学習を通して育成すべき数学的な考え方の具体的内容として「概念を記号で表すこと」「概念・法則などを拡張すること」「演繹的な推論によって知識を体系だてること」などが示されたのである。

長崎（2007）によれば，このように「中心概念」として具体化された数学的な考え方は，「数学を生み出す考え方」を意味しており，小学校・中学校の算数・数学科の目標へと引き継がれていったとされる。

（3）数学教育の現代化と数学的な考え方

昭和30年代に入り，小中高の算数・数学科の目標として数学的な考え方の文言が明示的に示された。一方，昭和30年代から昭和40年代は，「数学教育の現代化」と呼ばれる時代の中で，世界各国が「新しい数学（new math）」に応ずるためのカリキュラム改革を推進した時代である。昭和43年（1968年）改訂の小学校学習指導要領について，当時の文部省教科調査官として改訂に携わった中島（1981）は，次のように述べている。

- 数学教育の「現代化」については，その必要は認めるが，わが国としては，従前からの「数学的な考え方」の育成を充実するという方向で対処するようにした（p.37）
- 総括目標によって，「数学的な考え方」にふさわしい創造的な活動の姿を具体的に示した（p.38）
- 算数・数学の創造に重要な役割をもつアイデアを強化した（p.41）

ここまでみてきたように，数学的な考え方の意味合いはその時代の歴史的文脈を背負っているため，統一的に規定することは容易ではなく現在に至っても様々な捉え方が存在するが，次の中島（1981）による規定は，現在でもしばしば参照されるものである。すなわち，数学的な考え方とは「算数・数学にふさわしい創造的な活動を自主的に行う能力・態度」（中島，1981，p. ii）であるという捉え方である。

（4）オープンエンドアプローチと数学的な考え方

　植田（2006）によれば，日本数学教育学会全国大会（小学校部会）におい
て「数学的な考え方」部会が初めて設置されたのは昭和49年（1974年）で
ある。この頃から，数学的な考え方の育成や評価方法に関する実践的研究が
行われるようになるとともに，数学的な考え方それ自身を対象とした分析が
なされたという。植田（2013）は，戦前の「数理思想」という教育理念が戦
後の学習指導要領の目標に引き継がれ，それが実践的研究や教科書の変化を
へて発展してきた歴史的過程を図5-35-1のように表している。この中で，
オープンエンドアプローチ（島田，1977）は，数学的な考え方の育成に関す
る実践的研究として広く知られており，オープンエンドアプローチに基づく
数学的な考え方および多様な考えを大切した授業は，日本の算数教育の特徴
であるといわれている（植田，2013）。

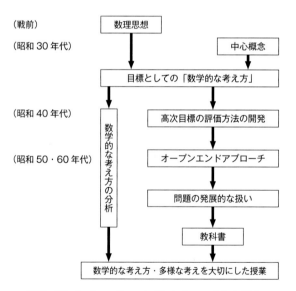

図5-35-1：オープンエンドアプローチから見た
日本の算数教育の流れ（植田，2013，p.206）

3．おわりに

　わが国の算数・数学教育における「数学的な考え方」の概念は，各時代の中で海外の教育動向の影響を受けつつ，これまでにその意味内容を充実させてきている。今日，コンピテンシー・ベースのカリキュラム改革という世界的動向の中で，わが国では，資質・能力の育成をめざし，「数学的な見方・考え方」という目標が改めて示された。こうした目標の刷新に伴い，算数科の内容・方法・評価への新たなアプローチが求められている。

　本稿では，数学的な考え方の歴史的背景を概観したが，算数教育の研究や実践の実例は紹介できなかった。わが国では，数学的な考え方をテーマとした多くの研究や実践が発表・出版されているので，各時代の背景を踏まえた上で，そうした事例を吟味し，今日的課題に応じた新たな研究と実践を蓄積していくことが期待される。

参考文献

植田敦三（2006）「『数理思想』と『数学的な考え方』という言葉が出てきた歴史的背景」『数学教育学研究』12，p.248.

植田敦三（2013）「オープンエンドアプローチから見た日本の数学教育における『価値』」『数学教育学研究』19（2），p.206.

塩野直道（1970）『数学教育論』啓林館.

島田茂（1977）『算数・数学科のオープンエンドアプローチ：授業改善への新しい提案』みずうみ書房.

長崎栄三（2007）「数学的な考え方の再考」長崎栄三・滝井章編著『算数の力：数学的な考え方を乗り越えて』東洋館出版社，（pp.166-183）.

中島健三（1981）『算数・数学教育と数学的な考え方：その進展のための考察』金子書房.

文部科学省（2018）『小学校学習指導要領（平成29年告示）解説　算数編』日本文教出版.

（真野祐輔）

Q 36 「数学的な見方・考え方」と「深い学び」の関連について説明しなさい

1. 「深い学び」を実現するための「数学的な見方・考え方」

　平成29年改訂の学習指導要領の中で「数学的な見方・考え方」は算数科の目標概念であるだけでなく、「深い学び」を実現するための手段としても位置づけられる。学習指導要領解説算数編では、「見方・考え方」と「深い学び」との関連について、次のような記載がある（文部科学省、2018, p.323）。

> 主体的・対話的で深い学びの実現に向けた授業改善を進める当たり、特に「深い学び」の視点に関して、各教科等の学びの深まりの鍵となるのが「見方・考え方」である。各教科等の特質に応じた物事を捉える視点や考え方である「見方・考え方」を、習得・活用・探究という学びの過程の中で働かせることを通じて、より質の高い深い学びにつなげることが重要である。

　また、特に算数・数学の学習過程の中での「数学的な見方・考え方」と「深い学び」との関連については次のように述べられている（同上、p.323）。

> 日常の事象や数学の事象について、「数学的な見方・考え方」を働かせ、数学的活動を通して、問題を解決するよりよい方法を見いだしたり、意味の理解を深めたり、概念を形成したりするなど、新たな知識・技能を見いだしたり、それらと既習の知識と統合したりして思考や態度を変容する「深い学び」を実現することが求められる。

　このことから、「数学的な見方・考え方」とは「深い学び」を実現するための手段であるとともに、そうした質の高い算数・数学の学びの所産として得られる能力や態度でもあると考えられる。それでは、算数・数学の本質に根差した「深い学び」とはどのような学びであろうか。

2．算数科における「真正の学習」

　算数・数学の本質に根差した深い学びを実現する授業をどう捉えるか。この問いに答えるためには，「真正の学習（authentic learning）」という視点が参考になる。「真正の」とは「本物の」という意味があるが，何をもって「本物」とみなせるかは各教科の特質に依存する。石井（2020）は，「真正の学習」の追求とは「教科する（do a subject）」授業を創造することであると主張している。ここでの「教科する」授業とは，「知識・技能が実生活で生かされている場面や，その領域の専門家が知を探究する過程を追体験し，「教科の本質」をもとに「深め合う」授業」（石井，2020, p.8）を意味している。算数科の場合，それは「数学する」授業であり，単に内容の習得にとどまらない，「本物の」数学的活動に基づく授業であると理解されるであろう。そのためには，数学的活動における本質的なプロセスを明らかにする必要がある。

　こうした「本物の」数学的活動に基づく算数授業はこれまでにも多くの研究や実践が進められている。例えば，ランパート（1995）や小松（2009）は，「証明と論駁」という考え方に基づいて小学生を対象とした授業実践を報告している。「証明」というと，小学生には不向きな学習内容であると捉えられるかもしれないが，数学的活動としての「証明」の本質的プロセスは「筋道を立てて考える」という活動の中にも含まれている。ここでの本質的プロセスとは，ある問題を探究する中で，何らかの規則性を推測（予想）したり，その推測が正しいこと（あるいは誤っていること）を根拠をもとに説明したりすること，さらには，そうしたプロセスを繰り返すことで，推測や説明の内容や方法が改良されていく一連の活動を意味している。このようなプロセスは，「真正の学習」を実現する手段でもあり，またその結果として得られる所産としてさらに質の高い学びへと発展するものであると考えられる。

3. おわりに

　平成29年改訂学習指導要領が実施され,「深い学び」の実現を目指した研究や実践が推進されている。算数科では,「数学的な見方・考え方」や数学的活動という算数・数学科の特質に根差した授業を実際に設計し,実践を通してその有効性を検討し,評価と改善を図ることが大切である。「真正の学習」は,そうした授業設計の1つの視点となりうるが,本稿では,特に「筋道を立てて考える」という数学的活動のプロセスを紹介した。一方,石井(2020)が示唆しているように,知識や技能が実生活で生かされる場面における数学的活動を設計することも重要である。授業の設計や実践においては,教師自らが「深い学び」の視点を明確にし,教材や活動の分析を通して算数科における「深い学び」の具体化を図ることが期待される。

参考文献

石井英真(2002)「質の高い学びを実現するために:『教科する』授業と授業づくりの不易」『学校教育』No.1232, pp.6-13.

小松孝太郎(2009)「算数学習における説明と論駁の過程に関する一考察:反例に直面して推測と説明を再考する場面の分析」日本数学教育学会『第52回数学教育論文発表会論文集』pp.547-552.

文部科学省(2018)『小学校学習指導要領(平成29年告示)解説　算数編』日本文教出版.

ランパート, M.(1995)「真正の学びを創造する:数学がわかることと数学を教えること」佐伯胖ほか編著『学びへの誘い』東京大学出版会, pp.189-240.

(真野祐輔)

Q 37　「論理的に考える」ことについて低学年の事例を用いて説明しなさい

1．「論理的に考える」ことについて

　2017 年改訂小学校学習指導要領において，論理的に考えることについて，目的に応じて図，数，式，表，グラフなどを活用し，根拠を基に筋道立てて考え，問題解決の過程を振り返るなどして既習の知識及び技能などを関連付けながら統合的・発展的に考えることと示されている（小学校学習指導要領，2018）。これは，根拠を基に筋道立てて考えるという場合，数学ならではの表現を活用して，考え，説明するということが前提となっていることを示している。また，筋道を立てて考えるということには，帰納的に考えることや演繹的に考えることがあり，統合的・発展的な考察も，このような筋道を立てて考える力によって可能になると述べられている。

2．低学年での事例

　本稿では，単元で働かせる帰納的な考え方及び演繹的な考え方，筋道を立てて考えたことを説明する際に活用する数学的な表現様式の置き換え・関連付けに焦点をあてて，論理的に考えることについて考察する。

（1）事例1　第2学年「かけ算（1）」

　第2学年「かけ算（1）」では，乗法の意味を理解し，5，2，3，4の段の九九を構成するとともに，それを唱えたり，適応して計算したりすることをねらいとしている。児童は第1学年で加法や減法の意味，数の集合について学習している。乗法では，これらの考え方を働かせて，数量の関係に着目し，数量を「何の幾つ分」と捉え，乗法を累加の簡潔な表現方法であると認識していく。そして，乗法における計算の意味や計算の仕方を考えたり，乗法に関して成り立つ性質を見出したりしていく。

【単元で働かせる帰納的な考え方及び演繹的な考え方】

児童は，例えば4の段の場合，$4 \times 2 = 4 + 4 = 8$，$4 \times 3 = 4 + 4 + 4 = 12$ というように，いくつかの結果を求めて九九を構成していく（図5－37－1）。しかし，このような同数累加をするのは面倒であるという経験から，「もっと簡単にできないか」と考える。そこで，これらを見直して，「かける数が1増えると，答えはもとの数ずつ増える」ことを見出し，能率的に作っていく。これは，いくつかのデータから，きまりを見出していくという帰納的な考え方によるもの，さらには，きまりを用いて九九を作っていくという演繹的な考え方によるものである。また，$2 \times 3 = 6$と$3 \times 2 = 6$，$2 \times 4 = 8$と$4 \times 2 = 8$等から帰納的に考えることで交換法則を見出し，7の段の九九の構成では，交換法則を用いて，$3 \times 7 = 21$から$7 \times 3 = 21$を演繹的に説明することもできる。

【表現様式の置き換え・関連付け】

　図5-37-1は，上記の考え方を引き出すことができると考えられる表現様式を示したものである。これらを活用しながら説明することが論理的に考えることの前提となる。例えば，図5-37-1の式と図5-37-2のアレイ図を関連付けて，「かける数が1増えると，答えはもとの数ずつ増える」ことを見出すことができる。また，図5-37-3を基に，$4 \times 2 = 8$と$2 \times 4 = 8$から交換法則を見出すことができる。

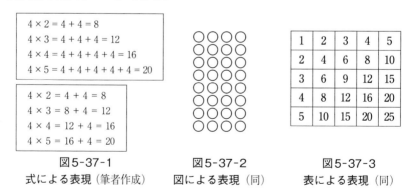

$4 \times 2 = 4 + 4 = 8$				
$4 \times 3 = 4 + 4 + 4 = 12$				
$4 \times 4 = 4 + 4 + 4 + 4 = 16$				
$4 \times 5 = 4 + 4 + 4 + 4 + 4 = 20$				

$4 \times 2 = 4 + 4 = 8$				
$4 \times 3 = 8 + 4 = 12$				
$4 \times 4 = 12 + 4 = 16$				
$4 \times 5 = 16 + 4 = 20$				

1	2	3	4	5
2	4	6	8	10
3	6	9	12	15
4	8	12	16	20
5	10	15	20	25

図5-37-1　　　　　　　図5-37-2　　　　　　　図5-37-3
式による表現（筆者作成）　図による表現（同）　表による表現（同）

（2）事例2　第2学年「三角形」

第2学年「三角形」では，辺の長さや直角の有無といった約束に基づいて

108

図形を弁別することをねらいとしている。児童は，第1学年で身の回りのものの形について，形を全体的に捉える見方を学習している。この見方から，図形を構成する要素に着目し，「三角形」を「3本の直線で囲まれた形」と約束して，似て非なる形を弁別していく。大きい，小さい，色が塗られている，置かれている位置が変わっている等は無関係である。直観的に捉えた形を，図形の構成要素に着目し，三角形の性質を根拠に論理的に説明していく。このように，直観的に捉えたことを約束に基づいて論理的に確かめていくことが論理的に考えるということである。

【単元で働かせる演繹的な考え方】

身の回りの図形の中から，「3本」「直線」「囲まれている」という三つの条件を満たしているかどうかということを調べて，三角形の意味や性質に照らして演繹的に弁別していく。また，紙を折ったり，ヒゴを使ったり，ドットを結んだりして，意味や性質を満たすように図形を構成することも演繹的な活動である。その際，図形を構成できない経験も大切にし，「なぜ，三角形にならないのか。」等，論理的な説明を促す課題を設定していきたい。

【表現様式の置き換え・関連付け】

小学校学習指導要領解説には，構成要素に着目して図形を捉えさせるための操作活動が例示されている。例えば，格子状に並んだ点を結んで，三角形，正三角形，直角三角形をかく活動を通して，図形の構成要素の特徴を捉えさせる。他にも，紙を折って三角形や四角形を作るなどの活動を通して，図形の構成要素に着目させる。このように，自分が操作したことを既習事項に基づいて説明することが論理的に考えるということである。

参考文献

坪田耕三（2014）『算数科　授業づくりの基礎・基本』東洋館出版社.

文部科学省（2018）『小学校学習指導要領』東洋館出版社.

文部科学省（2018）『小学校学習指導要領（平成29年告示）解説　算数編』日本文教出版，pp.22-23, p.36.

（廣田朋恵）

Q 38 「論理的に考える」ことについて中学年の事例を用いて説明しなさい

　小学校学習指導要領（平成29年告示）解説算数編の目標の中には，「見通しをもち筋道立てて考察する力」を養うことが明記されている。また，「筋道立てて考える力」と論理的な思考力の育成を関連付けて，その必要性を数学の主要な陶冶的価値の一つだからと説明している。

　本節では，「論理的に考える」子どもの姿を引き出すために，指導者がどのような点に留意して指導すればよいか，中学年の学習内容を例に，以下のポイントに整理して述べていく。

1. 「問い」のある授業づくり

　子どもたちから「論理的に考える」姿を引き出すためには，子どもたちが考えたくなる授業を構成することが大前提であると考える。自ら考えたいと思ってもいないのに，「論理的に考えよう」と促しても，子どもたちは動かない。そのために，授業の中で「なぜ？」「どうして？」「どうすれば？」といった「問い」をもたせたい。

　では，どうすれば「問い」のある授業が構成できるのであろうか。本節では，「既習事項との違い」，「友達との思考の違い」に着目させる指導について紹介したい。

（1）既習事項との違いに着目させる

　算数科は，学習内容の系統性がはっきりとしていて，既習事項との違いを意識させやすい。例えば，第3学年の「2位数（3位数）×1位数」の学習で，第1時に「23×3」を扱い，第2時では「28×3」を扱うとする。このとき，教師が「第1時の計算との違いは？」と発問すると，「28×3」の一の位で計算する「8×3」のことが話題にあがる。既習事項との違いを明確にすることで，子どもたちは「どうすれば計算できるのかな？」という問い

をもつ。その後，被乗数が2位数から3位数になる問題を提示すると，「2位数の時は～だったけれど，かけられる数が3位数になると，どう計算するのかな？」という新たな問いが生まれる。

　このように，算数科の学習では，既習事項との違いに着目させることで，子どもたちに問いをもたせられる場面が数多くある。指導者の発問を通して，既習事項との違いに着目することに慣れてくると，次第に子どもたち自ら既習事項との違いについて発言できるようになる。

（2）友達との思考の違いに着目させる

　第3学年の「除法」の学習で，余りの大きさについて考える学習場面がある。例えば，14個のあめを1袋に3こずつ入れる「14÷3」の計算では，正答である「14÷3＝4あまり2」だけでなく，「14÷3＝3あまり5」といった誤答も大切に扱いたい。誤答を価値付けて取り上げることで，子どもたちは「え？どうして？」，「どういうこと？」という問いが生まれる。

　このように，友達との思考の違いに着目させ，思考過程を読み取りあったり，比較検討したりすることは，子どもたちに問いをもたせ，「論理的に考える」姿を引き出すことにつながる。

2．数学的な表現力の育成

　小学校学習指導要領（平成29年告示）解説算数編では，「数学的な表現を用いることで，事象をより簡潔，明瞭かつ的確に表現することが可能になり，論理的に考えを進めることができるようになったり，新たな事柄に気付いたりすることができるようになる」とある。子どもたちが「論理的に考える」ことができるようになるためには，数学的な表現力を鍛えることが大切である。

（1）あいまいな表現に対して問い返す

　算数科授業で，考えたことを説明する場面は多くあるが，子どもたちが最初から適切な説明をするわけではない。また，先行知識だけがあり，形式的な説明をすることも多い。例えば，第4学年の「小数の加法及び減法」で「1.82＋3.45」の計算の仕方を説明する場面があるとする。ある子どもが，

計算の仕方を「小数点をとって182＋345をして，その答えに小数点をつければよい」といった説明をすると，多くの子どもたちが納得してしまう場面が見られる。しかし，この説明では「なぜ小数点をとって考えてよいのか」という根拠が不明確であり，説明としてはあいまいな表現と言える。そこで，指導者は数学的な表現に高めるために，「小数点をとって考えてもよいのかな？」「1.82を182と見るためには，どのように考えればよいかな？」と問い返す発問を行い，既習事項である「0.01のいくつ分で考える」という数学的な思考を引き出していく。

（2）筋道立てた表現に洗練させていく

授業でどんなに話し合いが活発に展開されたとしても，子どもたち全員が「論理的に考える」ことができているとは限らない。そこで，話し合った板書をもとに再度，子どもたち全員にノートに説明を書く場面を設定する。説明を書かせる際には，大切な言葉を確認したり，説明の順序や根拠を明確にしたりして書かせたい。また，言葉だけでなく図や式と関連付けて説明できるよう指導していきたい。例えば「1.82＋3.45」の計算の仕方を説明するのであれば，「0.01のいくつ分で考えると，1.82は0.01の182こ分，3.45は0.01の345こ分になります。182＋354＝527で，0.01が527こ分だから，答えは5.27です」といった説明になるであろう。

授業の中で，子どもたちは最初から論理的に考え，数学的に表現ができるわけではない。むしろ，あいまいで稚拙な表現がほとんどである。そんな子どもらしい思考や表現を引き出し，価値付けながら，より数学的な思考や表現に洗練させていくことが，指導者の役割である。

参考文献

文部科学省（2018）『小学校学習指導要領（平成29年告示）解説　算数編』日本文教出版.

（村上良太）

Q 39　「論理的に考える」ことについて高学年の事例を用いて説明しなさい

1．「論理的に考える」ことについて

　「論理的に考える」ことの代表的な考えとして，「帰納的な考え」「演繹的な考え」が挙げられる。『小学校学習指導要領（平成29告示）解説　算数編』では「帰納的な考え」「演繹的な考え」をそれぞれ次のように整理している。

（1）「帰納的な考え」

　幾つかの具体的な例に共通する一般的な事柄を見いだすことを帰納的に考えるという。

（2）「演繹的な考え」

　既に正しいことが明らかになっている事柄を基にして別の新しい事柄を説明していく事を，演繹的に考えると言う。

　以上の事を踏まえ，「論理的に考える」ことについて高学年の事例を用いて説明していく。

2．事例　第5学年「三角形の角」

　「三角形の角」は，三角形の内角の和を調べる数学的な活動を通して，三角形の内角の和が180°であることを理解していく学習である。その学習過程において，論理的な考えが働いていると言える。

（1）論理的に考えること「帰納的な考え」

　例えば，「三角形の内角の和は何度になるのか」という課題をもつと，子どもたちはその課題解決のために，1つ1つの角を分度器ではかりそれをたしていくという活動を行うであろう。その際，1つの三角形だけで結論づけるのは信憑性に欠ける。そこで，幾つかの三角形でも確かめてみる必要がでてくる。幾つかの具体的な例が集まれば，そこからどの三角形も3つの内角をたすと180°になるという共通する事実を発見する。そして，三角形の内

角の和は180°になるのではないかと推測していく。さらに，推測して見い
だしたことを他の方法でも確かめてみる。他の方法としては，三角形の3つ
の角を切り取って1つに集めるという活動が考えられる。この場合も，1つ
の三角形だけで結論づけるのではなく，幾つかの三角形で確かめ，具体的な
例を集めていく。次に，どれも1つに集めると一直線（180°）になるという
共通する事実をもとに，三角形の内角の和は180°になるいのではないかと
推測する。

このように，事例を集め，そこから共通する事例を見いだし推測していく
という一連の学習過程は，「論理的に考える」ことと言える。

（2）論理的に考えること「演繹的な考え」

帰納的な考え方を働かせることによって導き出された三角形の内角の和が
180°という事柄を基にして，別の新しい事柄を説明していくことについて，
下図の⑦と⑦の角度を求める事例を挙げて説明する。

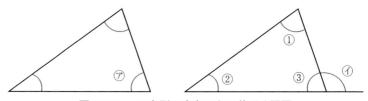

図5-39-1　三角形の内角の和に基づく問題

⑦の角度は，式に表すと $180° - (① + ②)$ となる。なぜ，このような式に
なるのかということを，三角形の内角の和は180°という根拠を示しながら
説明していく。

⑦の角度は，式に表すと $180° - (① + ②) = ③$　$180° - ③ = ⑦$ となる。なぜ
このような式になるのかということを，三角形の内角の和は180°，平角は
180°という根拠を示しながら説明していく。

三角形の内角の和は180°，平角は180°という正しいことが既に明らかに
なっている事柄を基にして別の新しい事柄を説明していく一連の学習活動
は，「論理的に考える」ことと言える。さらに，四角形の内角の和を求める
場合や五角形の内角の和を求める場合も演繹的な考えを働かせることによっ

て課題解決を行うことが期待できる。例えば四角形の内角の和は，対角線で2つの三角形に分けることで180°×2と考えることができる。これも，三角形の内角の和は180°という正しいことが既に明らかになっている事柄を基にして四角形の内角の和は360°ということを明らかにしており，「論理的に考える」ことと言える。

3．プログラミング的思考

　2020年度から小学校においてプログラミング教育が導入された。そのねらいの1つに「プログラミング的思考」の育成が挙げられている。

　第5学年では，正多角形の作図を行う学習がある。円の中心の周りの角を等分させることで正多角形がかけることを理解していくが，角や辺の数が多くなると正確に作図することが困難となる。そこで，コンピュータを用いると簡単に正確にかくことができることを知る。そこでは，正〇角形をかくためには，どのようなプログラムをつくればよいのかを考えていく。「どこまで線を引くか」「何度回転させるか」「何回繰り返すか」など，自分が意図する正多角形をより効率的にかくための手順を思い付きではなく学びを調整しながら考えていく際に働く考えがプログラミング的思考であり，それは「論理的に考える」ことの1つと言える。

参考文献

文部科学省（2018）『小学校学習指導要領（平成29年告示）解説　算数編』
　　　日本文教出版.
清水静海他58名（2014）『わくわく算数5』啓林館.
文部科学省（2020）「文部科学省小学校プログラミング教育の手引き（第三版）」
　　　https://www.mext.go.jp/content/20200218-mxt_jogai02-100003171_002.
　　　pdf.

（高淵千香子）

Q 40 「統合的・発展的に考える」ことについて低学年の事例を用いて説明しなさい

1.「統合的・発展的な考察」の規定

　小学校学習指導要領において，統合的な考察とは，異なる複数の事柄をある観点から捉え，それらに共通点を見いだして一つのものとして捉え直すことであり，発展的な考察とは，ものごとを固定的なもの，確定的なものと考えず，絶えず考察の範囲を広げていくことで新しい知識や理解を得ようとすることが示されている。また，中島（2015）は，「統合」には3つの主要な場合があると示し（表5-40-1），「統合的」「発展的」ということを並列的によみとらないで，「統合といった観点による発展的な考察」というようによみとることが望ましいとしている。

表5-40-1　統合の概念（中島，2015）

集合による統合	はじめは，異なったものとしてとらえられていたものについて，ある必要から共通の観点を見出して一つのものにまとめる場合。
拡張による統合	はじめに考えた概念や形式がもっと広い範囲（はじめの考えでは含められない範囲のものまで）に適用できるようにするために，初めの概念の意味や形式を一般化して，もとのものも含めてまとめる場合。
補完による統合	すでに知っている概念や形式だけでは，適用できない場合が起こる時，補うものを加えて，「完全になる」ようにまとめる場合。

2. 低学年での事例

(1) 集合による統合

　第1学年「たし算・ひき算」では，演算の意味として，合併や増加，求残や求差を扱う。ここでの統合的な考察は，ブロックの動かし方の似ているところを考え，たし算では2つ合わせるところが同じ，ひき算ではいくつか数をとるところが同じと観るところにある。さらに，発展的な考察として，順

序数を用いた加法や減法の場面へ考察の範囲を広げていくことができる。また，ここでは2位数の計算を扱い，10を単位とする数同士，1を単位とする数同士を別々にたす。同じ単位のもの同士をたしたりひいたりするという考え方である。これは，この後の「数と計算」領域において基本的な考え方となる。例えば，第2学年の時間の計算では，時間を単位とする数同士，分を単位とする数同士を別々にたす。同様に，第2学年の長さやかさ，第4学年の帯分数の計算においても適用される。このように，初めはそれぞれ異なった対象の計算と考えていたことを「単位を決めれば処理できる」という共通点に着目して，同じ考え方の計算として捉えるようなことである。さらに，この観点から「（時間，長さ，かさ）だったらどうなるのだろう。」と発展的に考えていくことができる。他にも，第2学年では「かけ算の利用」を扱う。例えば，テーブルに着く人数を数えるという活動（図5-40-1）である。テーブルが1つであれば，4人を1つのまとまりと観ていくつ分あるか数える。続いてテーブルの数が増えた時，それぞれ別のものとして数えるのではなく，共通点に着目して工夫して数える。初めは4として観ていたものを式表示し，2×□＋2として観られるようにしていく。

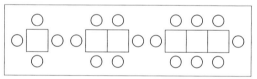

図5-40-1　第2学年「かけ算の利用」の事例

(2) 拡張による統合

1位数の計算が，2位数，3位数でも使えるようにする場合である。第1学年「たし算」では，「9＋4」といった計算を扱う。9を10にするために，4の方から1をもってきて10とし，10と3で13だと分かる。他にも色々な方法が考えられるが，共通点は「もってきて10」というところである。第2学年の2位数，3位数の学習では，「学習したことをより広く使えるものにしたい」と，十のまとまりを10個まとめてさらに大きなまとまりにしていく。第1学年「20までのかず」では，20までの数について「10と端数がいくつ」と捉える。また，「大きいかず」では，20から100までの数を「10ずつまとめて」数える。さらに，簡単な場合についての3位数のものを数え

る際には，10のまとまりをさらに10ずつまとめて考えていく。別の学習と
して考えるのではなく，共通点に着目させることで，十進位取り記数法とし
て統合的に捉えられるようにしていく。その他にも，測定領域では，直接比
較，間接比較，任意単位による比較，普遍単位による比較といった測定のプ
ロセスを扱う。長さ・広さ・かさは，それぞれ異なったものではなく，測定し
たいもので単位を作り，その単位のいくつ分で数値化するという考え方であ
る。初めに考えた比較の方法や「同じ単位のいくつ分で数値化する」という
考え方に着目して，統一的に考察していく。

(3) 補完による統合

第2学年では，「かけ算の意味」「九九の構成と暗唱」を扱う。児童は，第
1学年で加法の意味や計算の仕方を理解し，第2学年で数を同じ大きさの集
まりにまとめて数えてきている。それらの見方・考え方を働かせながら乗法
を「○の□つ分」で捉えるとともに，累加の簡潔な表現方法であることを理
解していく。そして，具体的に数のまとまりが増えていく場面から，かけ算
を並べて構成していく。その際，各段に並ぶ答えに色々なきまりを見つけな
がら構成していくことで，別の段の構成でも面白い答えの並び方を見つけて
いく。しかし，一の段に至っては，「○の1つ分」という場面が具体的な日
常の場面では見当たらず，1×□と立式することの必然性が感じられない。
したがって，答えを求めるための式ではなく，他の段の九九と統一を図るた
めといった意味になる。九九を暗記する場合も，一の段だけ抜いているより
も他の段と合わせておいた方が例外がなく，全ての場合に一貫して使えると
いうことになる。

参考文献

中島健三（2015）『復刻版　算数・数学教育と数学的な考え方－その進展の
　　　ための考察－』東洋館出版社，p.40，pp.127-129.
文部科学省（2018）『小学校学習指導要領（平成29年告示）解説　算数編』
　　　日本文教出版.

（廣田朋恵）

Q 41　「統合的・発展的に考える」ことについて中学年の事例を用いて説明しなさい

1．「統合」と「発展」の連続的な関係

　平成29年小学校学習指導要領解説算数編では，「統合的に考察する」ことは，「異なる複数の事柄をある観点から捉え，それらに共通点を見いだして一つものとして捉え直すこと」とある。また「発展的に考察する」とは，「ものごとを固定的なもの，確定的なものと考えず，絶えず考察の範囲を広げていくことで新しい知識や理解を得ようとすること」とある。「統合」が起きると，「では別の場合では？」と，範囲を広げてみようとする「発展」が起き，「発展」によって複数の事象が考察されると，またその共通点を見いだそうと「統合」が起きる。つまり，「統合」と「発展」は連続的な関係にあると言える。そこで，本節では第3学年の学習内容に焦点をあてて，統合的に考えることと，発展的に考えることの連続的な関係を具体的な例を取り上げ述べていく。

（1）二等辺三角形と正三角形

　この学習では，まず既習の三角形の定義を生かして，ストローのような棒状の物で三角形を作成する。ストローは長さごとに色分けされ，辺の長さに着目できるようになっている。作成した三角形を並べて，仲間分けを始めると，統合的に考察する子どもたちから辺の長さの違いに着目した意見が出されて，一つの仲間ができる。すると，「じゃあ，こっちの仲間は…」と発展的に考察する子どもが別の仲間をつくる姿が見られる。

（2）メートル法の単位のしくみ

　第3学年の「イ　思考力・判断力・表現力等」の中に，「身の回りのものの特徴に着目し，単位の関係を統合的に考察する」とある。この内容は，平成29年小学校学習指導要領改訂に伴い，これまで第6学年で取り扱われていた内容である。ここでは，第3学年までに学習した長さ，かさ，重さの単位に

ついて整理してまとめた表などから，それぞれに共通する関係を調べる。その際，単位の前に接頭語k（キロ）が付くと1000倍になるといった気づきを大切にし，接頭語の意味を統合的に考えることが大切である。さらに，統合的な考察を基に，例えば「重さにもキロトンという単位があるのだろうか？」といった新たな単位について発展的に考える姿も引き出していきたい。

このように，統合的・発展的に考察することは，mg（ミリグラム）やkl（キロリットル）等の身の回りにある新しい単位に出合ったときも類推して量の大きさを考えることができることにつながる。

（3）わり算

①わり算の意味の統合

除法が用いられる具体的な場合として，2つに大別される。例えば，12÷3の意味として，12個のあめを1人に3個ずつ分けて何人に分けられるかを求める包含除と，12個のあめを3人に同じ数ずつ分けて1人何個になるかを求める等分除がある。この2つの違う意味のものを同じ除法にしてよいのか，という問いをもたせたい。この問いに対して，ブロックを分ける操作を考察することで操作の共通点を見つけたり，3×□＝12，□×3＝12という乗法の式から，どちらも3の段で積が12になるほかの数を求める計算だという共通点を見つけたりする。こうした統合的な考え方により，同じ演算でよいという納得が得られる。

②あまりのあるわり算への発展

例えば「13枚のカードを1人に4枚ずつ配る」場面や，「13枚のカードを4人に同じ枚数ずつ分ける」場面で，子どもたちは既習の除法の経験から13÷4をしてもよいだろうと考える。しかし，答えが出ないため，「どうしたらよいのだろう？」という問いをもたせたい。そこで，わり算の捉え方を発展的に考える。つまり，「わり算は商とあまりを求める演算である」と決め直すのである。

③あまりのあるわり算に統合

除法が，割り切れるときと，あまりのあるときの2つになった。ただ，この違う2つのものを同じ「わり算」の式に表してよいのか，という問いが大

切である。そこで既習の 12 ÷ 3 ＝ 4 は,「4 であまりが 0」とも考えられることに着目し,「あまり」という共通点を統合的に考えることで「わり算は商とあまりを求める演算である」と, 1 つに統合していく。

2.「統合的・発展的に考える」態度の育成

これまで述べてきたように, 統合的・発展的に考えることは, 算数科の様々な学習場面で繰り返し子どもたちに働かせたい数学的な考え方である。そのためには, 子どもたちに身の回りの事象を統合的・発展的に考察する機会を経験させる教師の意図的な手立てが必要である。例えば, 先述した「二等辺三角形と正三角形」の学習では, 長さの同じストローは同じ色にしておく, といった教材提示の工夫ができる。また,「わり算」の学習では, 包含除と等分除の場面と式を並列に板書して, 共通点に気づきやすくする板書の工夫も考えられる。子どもたちが,「統合的・発展的」に考えたくなるような手立てを工夫し, 子どもたちが働かせた瞬間を見逃さず価値付けていきたい。

さらに, 問題解決が一旦終わった後, 解決過程を振り返ることも大切である。問題解決にとって, どのような見方・考え方が有効であったかを振り返り, 統合的・発展的に考えることのよさを整理して共有したい。

このように, 子どもたちに統合的・発展的に考察する機会を教師が意図的に設定し, その価値を振り返ることを繰り返すことで, 子どもたち自ら「統合的・発展的に考える」態度を育成していきたい。

参考文献

文部科学省（2018）『小学校学習指導要領（平成 29 年告示）解説　算数編』日本文教出版.

（村上良太）

Q42 「統合的・発展的に考える」ことについて高学年の事例を用いて説明しなさい

1.「統合的・発展的に考える」ことについて

『小学校学習指導要領解説（平成29年告示）解説　算数編』には，「統合的に考察する」「発展的に考察する」ことについては，次のように示されている。

(1)「統合的に考察する」

異なる複数の事柄をある観点から捉え，それらに共通点を見いだして一つのものとしてとらえ直すこと

(2)「発展的に考察する」

物事を固定的なもの，確定的なものと考えず，絶えず考察の範囲を広げていくことで新しい知識や理解を得ようとすること

以上の事を踏まえ，「統合的・発展的に考える」ことについて高学年の事例を用いて説明していく。

2.　事例　第5学年「面積」

面積は，広さとして感覚的に捉えていたものを計量的考察によって面積という概念へと抽象化していく学習である。第4学年では「正方形」「長方形」，第5学年では「三角形」「平行四辺形」「ひし形」「台形」，第6学年では「円」というそれぞれ図形の面積の求積方法を図形の性質や図形を構成する要素などに着目しながら計量的考察をしていく。さらに，共通する測定箇所に着目してそれぞれの図形の求積公式を導き出すという展開となっている。

(1)求積方法を統合的・発展的に考える

例えば，平行四辺形の面積の求積方法としては，図形の一部を移動して既習の図形に等積変形する考えや既習の図形に分割するという考えが挙げられる。その方法にはいくつかのパターンが考えられるが，「移動させる」「分け

る」といった共通な言葉でまとめることができる。また，なぜそう考えたのかと問うことで，面積の公式が活用できる既習の図形にするためという既習の公式に帰着するという共通の本質が明らかになってくる。これらの過程では，異なる複数の事柄をある観点から捉え，それらに共通点を見いだして一つのものとしてとらえ直すことといった統合的な考えが働いていると言える。

　更に，ひし形や台形ではどうだろうかと考察の範囲を広げて発展的に考え，ひし形や台形の面積の求積公式を導き出す過程においても，平行四辺形と同様に統合的な考えが働いているのである。面積の学習は以上のように，統合・発展を繰り返しながら行っていく。

（2）求積公式を統合的・発展的に考える

「面積の公式」

　これまで私は，面積を求める公式をたくさん学習してきました。正方形の公式に，長方形の公式，三角形の公式，平行四辺形の公式，ひし形の公式に台形の公式などです。みなさんは考えたことはないでしょうか。「すべての公式を覚えないといけないのか」と。このことについて，これから考えていきたいと思います。

　まず，三角形について考えてみましょう。三角形の公式は「底辺×高さ÷2」です。この導き方は長方形がもとになっています。底辺が横で高さがたてです。2でわっているのは，三角形を二つとして考えているからです。このことから，三角形の公式を覚えていなくても長方形の公式が分かっていればよいといえます。

　次に，平行四辺形について考えてみましょう。平行四辺形の公式は，「底辺×高さ」です。この公式の導き方も長方形がもとになっています。底辺が長方形でいう横の長さにあたり，高さが長方形でいうたての長さにあたります。このことから，平行四辺形の公式は覚えていなくても，長方形の公式が分かっていればよいといえます。

　次に，ひし形について考えてみましょう。ひし形の公式は，「対角線×対角線÷2」です。この公式の導き方も長方形がもとになっています。対角線がたてになり，対角線が横になります。

　最後に，台形について考えてみましょう。台形の公式は，「（上底＋下底）×高さ÷2」です。この公式の導き方は平行四辺形がもとになっています。（上底＋下底）が底辺になり，高さをかけます。2でわっているのは，台形を二つとして考えているからです。このことから台形の公式を覚えていなくても平行四辺形の公式が分かっていればよいと言えます。さらに，平行四辺形の公式は，長方形がもとになっているので，結局は長方形の公式が分かっていればよいと言えます。

　以上のことから，面積の公式は，長方形さえ覚えておけばよいということになるでしょう。長方形にして考えるには，分けて動かしたり，二つの図形を合わせたりすればいいのです。

　ここで，6年生で学習する円の面積について考えてみたいと思います。長方形の4つの角度の合計は360度です。円の中心の角度も360度なので，これを使えば円の面積が求められると考えます。もし，その考えが合っていれば，円の場合は正方形にすることができます。しかし，そうなると正方形の中心にすき間ができてしまいます。曲線のある図形は長方形には表せないのでしょうか。この疑問についてはまた考えていきたいです。「すべての公式をおぼえないといけないのか」今の段階ではこれまで私の学習してきた図形は，分けて動かしたり倍にしたりすることで長方形に表すことができるといえるので，長方形の面積を求める公式だけを覚えておけばよいということになります。

　算数では，面積に限らず前の学習を生かすこと，この考えを使えば，これからどんな問題のかべも乗り越えていけると思います。

図5-42-1　「面積の公式」についての児童のレポート

高学年では，それぞれの求積公式を導き出したその後も「統合的・発展図に考える」ことを期待したい。第4学年で学習した図形の求積公式と第5年で学習した求積公式を関連付け，さらに考察の範囲が広がっても活用可能であるかを考えることも「統合的・発展的に考える」ことになるからである。

　本事例では，単元の終わりに「全ての公式を覚える必要があるのか」というテーマでレポートを書く活動を位置付けた。図5-42-1に示すのは，ある児童のレポートである。

　この児童は，これまで学習したそれぞれの求積公式を関連付ける中で，「長方形の求積公式」が基本となっていると考え「たて×横」という求積公式に全ての求積公式を統合させている。さらに，円の求積方法にも長方形の求積公式が適応できないかと考察の範囲を広げて新しい知識や理解を得ようとしている。

　このように，これまでの面積の学習を振り返って全体を俯瞰してみる活動の中にも，統合的・発展的な考えが働いている。「統合的・発展的に考える」ことは，「創造する」という算数科を学ぶ価値ともいえる重要な資質・能力につながる考え方であると言える。既習を生かして学びを深めていく学習が多い高学年には，これまでの学習を振り返り全体を俯瞰してみる活動を積極的に取り入れていくことが大切であろう。

参考文献

文部科学省（2018）『小学校学習指導要領（平成29年告示）解説　算数編』日本文教出版.

清水静海他58名（2014）『わくわく算数5』啓林館.

日本数学教育学会（2013）『算数教育指導用語辞典　第四版』教育出版.

溝口達也（2010）「指導方法」（第10章第1節）数学教育研究会編『算数教育の理論と実際』聖文新社.

（高淵千香子）

第6章

算数科の学習指導の課題とその対応

‖ Q 43　日本の児童の算数科の学力・学習状況について概説しなさい

1．平成29年改訂学習指導要領における「見方・考え方」

　ここでは，国際教育到達度評価学会（IEA）が実施した「国際数学・理科教育動向調査の2015年調査」（TIMSS2015）」の調査報告書（国立教育研究所，2017）に基づき，日本の児童の算数の学力・学習状況について概説する。

（1）算数の到達度

　小学校4年生の算数の平均点については，日本は参加49か国／地域中5番目で上位に位置しており，日本の児童の正答率が国際平均値を10ポイント以上上回る問題は169題中144題であり，8割を越えている。

　国際平均500点，標準偏差100点とする分布モデルの推定値として算出した日本の児童の算数の内容領域別の得点を見ると，「数」が592点，「図形と測定」が601点，「資料の表現」が593点であり，いずれの内容領域においても，他国と比較して高い得点を示している。同様に算出した算数の認知的領域別の得点を見ると，「知識」が601点，「応用」が589点，「推論」が595点であり，いずれの認知的領域においても，他国と比較して高い得点を示している。

（2）算数の問題例と分析

　ここでは，国際報告書に掲載された公表問題（ただし，日本児童が調査時

までに内容を履修している問題）の中で，日本の児童の正答率が最も高かった問題と最も低かった問題，日本の児童の正答率（a％）と正答率の国際平均値（b％）の差（a－b）が最も大きかった問題と最も小さかった問題について，その問題と分析結果を示してみたい。いずれも国際平均値よりは統計的に有意に高い正答率を示している問題である。

　日本の児童の正答率が95.6％で最も高かった問題は，公表問題11「人の数を表す棒グラフ」（内容領域：資料の整理，認知的領域：知識）である。この問題は，曜日ごとにホームページを見た人の数を示した棒グラフから水曜日の人数を読み取る問題である。第3学年の指導内容「棒グラフの読み方やかき方について知ること」が定着していることが分かる。一方，正答率が48.6％で最も低かった問題は，公表問題2「その答えが正しい理由」（内容領域：数，認知的領域：推論）であった。この問題は，円の面積の3/8が黒く塗られている図を選択し，「その答えが正しい理由」を説明する問題である。第3学年の指導内容である「分数の意味や表し方」の一層の定着が求められる。

　国際平均値との差（a－b）が34.0ポイントで最も大きかったのは，公表問題4「まゆみさんがもっとも努力しなければならないもの」（内容領域：資料の表現，認知的領域：推論）であった。この問題は，トライアスロンの結果（花子，さくら，まゆみの3人が，「水泳」，「自転車」，「走ること」それぞれの種目に要した時間と，花子の3種目の合計時間）を示した表から情報を読み取って，まゆみが最も努力しなければならない種目を判断し，その理由を記述するものである。国際平均値との差は最も大きい問題であるが，日本の児童の正答率は68.1％にとどまっている。第4学年の指導内容「資料を二つの観点から分類整理して特徴を調べること」の指導の一層の充実が求められる。また，日本の児童の正答率が79.1％と比較的高い問題で，国際平均値との差（a－b）は9.6ポイントで最も小さかったのは，公表問題9「数のパターンときまり」（内容領域：数，認知的領域：知識）であった。この問題は，毎回同じ数をたして次の数を作るというルールの下で，6，13，20，27，の次の数が何かを答える問題である。簡単な2位数の加法・減法の計算は，

国際的にも定着していることが分かる。

（3）算数への意識

　算数への意識に関する主な質問項目の結果からは，次のような日本の児童の実態が示されている。「算数の勉強は楽しい」の項目に対して，「強くそう思う」と回答した児童の割合は31.5％で，国際平均値より24ポイント低い。また，「わたしは，算数がすきだ」の項目に対して，「強くそう思う」と回答した児童の割合は33.0％で，国際平均値より24.1ポイント低い。前項で示した国際比較における日本の児童の正答率の高さとは対照的に，算数への意識の低さが大きな課題となっている。

2．国内の全国的な調査における日本の児童の実態

　ここでは，文部科学省・国立教育政策研究所が実施した「平成31年度（令和元年度）全国学力・学習状況調査」の結果に基づき，日本の児童の算数の学力・学習状況について概説する。

（1）指導改善のポイント

　2019（平成31）年度の全国学力・学習状況調査（小学校算数）の報告書（文部科学省国立教育政策研究所，2019）では，算数の各領域における「指導改善のポイント」として，「数と計算」領域では「計算に関して成り立つ性質を見いだし，表現することができるようにする指導の充実」と「数を多面的にみて，計算を能率的にするために工夫することができるようにする指導の充実」を，「量と測定」領域では「図形の構成についての見方を働かせ，示された図形の面積の求め方を解釈し，求め方について説明することができるようにする指導の充実」と「場面の状況に応じて，数理的に捉え，数学的に表現・処理し，得られた結果から判断することができるようにする指導の充実」を，「図形」領域では「図形の性質や構成要素に着目して，図形を観察・構成することができるようにする指導の充実」を，「数量関係」領域では，「資料の特徴や傾向を考察したり，複数の資料の特徴や傾向を関連付けて判断したりすることができるようにする指導の充実」を示している。

　これらの「指導改善のポイント」を一言でまとめるならば，「事象を数理

的に解釈し，数学的に表現することができるようにする指導の充実」が求められていると言えよう。

（2）算数の学習に対する関心・意欲・態度

算数の学習に関する質問紙調査の結果（国立教育政策研究所ホームページ）においては，全項目において，最も肯定的な回答（「当てはまる」）を選択した児童の割合が前年度より高まっていることが報告されているが，否定的な回答（「どちらかと言えば，当てはまらない」または「当てはまらない」）を選択した児童の割合に着目すると，「算数の勉強は好きですか」（31.3％），「算数の授業で学習したことを，普段の生活の中で活用できないか考えますか」（23.4％），「算数の授業で新しい問題に出合ったとき，それを解いてみたいと思いますか」（20.9％），「算数の授業で問題を解くとき，もっと簡単に解く方法がないか考えますか」（17.8％），「算数の授業で公式やきまりを習うとき，そのわけを理解するようにしていますか」（15.9％）など，約2割〜3割の児童が否定的な回答をしていることが分かる。算数の学習に対する関心・意欲・態度の側面からの指導の改善が今後も必要である。

参考文献

国立教育政策研究所（2017）『TIMSS2015算数・数学教育／理科教育の国際比較　国際数学・理科教育動向調査の2015年調査報告書』明石書店.

国立教育政策研究所 https://www.nier.go.jp/19chousakekkahoukoku/factsheet/19primary/（2020年3月24日閲覧）.

文部科学省国立教育政策研究所（2019）『平成31年度（令和元年度）全国学力・学習状況調査報告書－児童生徒一人一人の学力・学習状況に応じた学習指導の改善・充実に向けて－小学校算数』.

（松浦武人）

Q 44　数学のよさを実感するための学習指導の在り方について説明しなさい

1．数学の様々なよさ

　算数は，わが国の歴史的・文化的な条件の下で，今日の小学校における一つの教科を形成しているが，そこには様々な面で数学の性格が内包されているとみることできる。そのような数学の性格を「数学のよさ」という視点からとらえ，その「よさ」が実感できる算数の学習指導のあり方について考えてみる。

　「数学のよさ」は，これまでにもわが国の算数・数学教育の目標や評価に関して重視されてきた視点である。文部科学省（2018）では，「数学のよさ」について次のように述べられている（p.28）。

> 数学のよさに気付くということは，数学の価値や算数を学習する意義に気付くということであり，学習意欲の喚起や学習内容の深い理解につながり，また，算数に対しての好意的な態度が育成されることになる。（中略）
> よさについては，これを狭く考えずに数量や図形の知識及び技能に含まれるよさもあるし，数学的な思考，判断，表現等に含まれるよさもあり，有用性，簡潔性，一般性，能率性，発展性，美しさなどの様々な視点から算数の学習を捉えることが大切である。

　また，学習評価の観点の一つである「主体的に学習に取り組む態度」の趣旨として次のように記載されている（文部科学省，2019，p.6）。

主体的に学習に取り組む態度
数学的活動の楽しさや数学のよさに気付き粘り強く考えたり，学習を振り返ってよりよく問題解決しようとしたり，算数で学んだことを生活や学習に活用しようとしたりしている。

　これらを踏まえ，以下では，主として数学的な思考，判断，表現等に含ま

129

れる「数学のよさ」を実感するための学習指導について，全国学力・学習状況調査の問題を参照しながら具体的に見ていく。

2．「数学のよさ」を実感するための学習指導の具体例

　図6-44-1は，2017（平成29）年度全国学習力・学習状況調査（算数B①）の結果を受けて作成された「授業アイデア例」から抜粋した問題場面である。

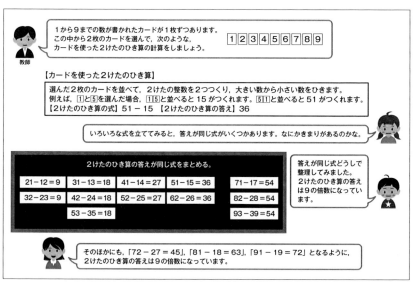

図6-44-1：数量の関係の考察と一般化の授業アイデア例
（国立教育政策研究所，2017，p.9）

　この問題では，図6-44-1の【カードを使った2けたのひき算】をいくつかの場合を選んで行い，その結果が9の倍数になるという事柄を帰納的に見い出し，その事柄が成り立つ理由を様々な方法で説明する活動が意図されている。また，いったん見出した事柄や説明した方法を振り返り，よりよい事柄やよりよい説明に改良していく活動も含まれている。この「よりよい」ものを追求する視点として「数学のよさ」を考慮することが重要であると考えられる。

　例えば，図6-44-1の問題場面から「2けたのひき算の答えは9の倍数になっています」という事柄を見い出すことができたとする。しかし，この事

柄の表現にはやや曖昧な部分がある。この事柄は,「カードの差」に着目することにより,「(カードの差)×9＝(2けたのひき算の答え)」のように,より明確な表現に改良することができる。また,そのような事柄が成り立つ理由の説明には,具体物,図,言葉,式など様々な表現を用いた方法が考えられ,より一般的な説明を追求することができる。ここには「簡潔性」や「一般性」などのよさが活動の原動力となっていることがわかる。

　また,この活動では,数の表記のよさを実感することもできる。例えば,図6-44-2は上述の「授業アイデア例」で示された説明の方法であり,「カードの差の数(この場合は2)の分だけ,9が残る」ことを示している。一方,図6-44-3は,位取り記数法に基づく図を用いた説明であり,「カードの数の差」を「おはじき」に移動によって説明している。ここで述べておきたいことは,どちらの方法がより優れた説明であるかではなく,これらの説明が十進位取り記数法のよさに着目して,カードの差が2となる他の計算や,カードの差が2以外となる計算にも適用できる一般性を示唆しているという点である。なお,図6-44-3のような位取り表を用いて,より一般的な場合を説明する方法は「操作的証明」と呼ばれ,算数科での実践や研究が進められている(例えば,佐々・山本(2010)など)。

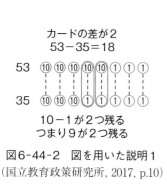

図6-44-2　図を用いた説明1
(国立教育政策研究所, 2017, p.10)

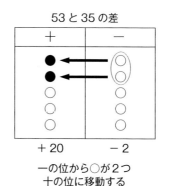

図6-44-3　図を用いた説明2
(筆者作成)

さらに「授業アイデア例」でも述べられているように,この題材に含まれ

る条件を変更して，さらに一般的な事柄やさらに明確な説明を追求することにより，「数学のよさ」を一層実感することが可能になると考えられる。

3. おわりに

　前節では，算数の学習の中で一般性や簡潔性を指向する活動のよさや十進位取り記数法という数の表記のよさを考えたが，「数学のよさ」は，日常生活の様々な場面でも見出すことができる。そうした場面を児童自らが見出し，算数の応用可能性の広がりを実感できる機会を設けることも大切であろう。こうした「数学のよさ」を実感するということは，児童の算数学習を支える健全な算数観を醸成することにも深く関わっている。それは日々の算数授業の中で教師が明確に教えるものというよりは，授業への参加を通して児童一人一人が暗黙的に作り出していることも多い。授業実践においては，教師と児童が，学習の過程や成果を振り返り，教室全体で「数学のよさ」を共有する機会を設けることも重要であろう。

参考文献

国立教育政策研究所（2017）「平成29年度＜小学校＞全国学力・学習状況調査の結果を踏まえた授業アイデア例」（https://www.nier.go.jp/jugyourei/h29/index.htm）.

佐々祐之・山本信也（2010）「数学教育における操作的証明（Operative proof）に関する研究：おはじきと位取り表を用いた操作的証明を例として」『数学教育学研究』16（2），pp.11-20.

文部科学省（2018）『小学校学習指導要領（平成29年告示）解説　算数編』日本文教出版.

文部科学省（2019）「小学校，中学校，高等学校及び特別支援学校等における児童生徒の学習評価及び指導要録の改善等について」（〔別紙4〕各教科等・各学年等の評価の観点及びその趣旨）（https://www.mext.go.jp/b_menu/hakusho/nc/attach/1415195.htm）.

（真野祐輔）

Q 45　日常の事象を数理的に処理する技能を身に付けるための学習指導の在り方について説明しなさい

1．日常の事象を数理的に処理する技能を身に付けるための学習指導の在り方とは

（1）日常の事象を数理的に処理する技能とは何か

「日常の事象を数理的に処理する技能」とは何だろうか。まず技能について考えてみたい。技能というと計算技能のように機械的に覚えて繰り返し練習して身に付ければよいと考えがちであるが，技能を活用できるようにするためには，概念や性質についての理解に裏付けられた確かなものでなければならない。そのような確かな技能が日常生活や社会事象を数理的に捉え処理して問題を解決するときに役立つようになる。（文部科学省，2017）

そこで，数理的に処理するための技能が概念や性質についての理解に裏付けられたものにするための学習指導をどう構成すればよいのか，更に，日常の事象を数理的に捉える際に役立てられるように身に付けるための学習指導をどう構成すればよいのかについて考察する。

（2）日常の事象を数理的に処理する技能を身に付けるための学習指導

① 概念や性質に裏付けられた技能とは何か，それを身に付けるための学習指導をどのように構成すればよいか

それでは「概念や性質に裏付けられた技能」とはどのような技能なのだろうか。例えば，分数の除法の計算の仕方を学ぶ際には，意味を考えずに割る数を逆数にしてからかけるなどと暗記し，分数の除法の計算を何回も練習して形式的に速く処理できる技能を求めるのではなく，何故逆数にしてかければよいのかなどを計算の原理や法則を基にして考えさせたりすることが大切である。このようにして身に付いた技能が概念や性質に裏付けられた技能である。（文部科学省，2017）。このことを2位数×2位数（3年）で具体化してみたい。

皆さんの希望だったメダカをかうことにしました。昨日，メダカ屋さんに行って1匹35円のメダカを18匹飼ってきました。（見せる）全部で何円だったかを考えてもらいます。ただし，消費税は考えません。

T1：どんな式になりますか。

C1：35×18です。

T2：昨日までの計算とどこが違いますか。

C2：昨日は2位数×何十でしたが今日は2位数×何十何です。

T3：それでは35×18の答えを求めてください。10分間で考えましょう。

C3：$35 \times 2 = 70$　$70 \times 9 = 630$円です。2匹の値段を考えるとちょうど70円になります。9組できるので（図でも説明）$70 \times 9 = 630$円になります。

C4：20匹と考えて2匹分の値段を引きました。$35 \times 20 - 35 \times 2 = 700 - 70 = 630$円です。（図でも説明）

C5：18を10と8に分けました。$35 \times 10 = 350$　$35 \times 8 = 280$　$350 + 280 = 630$円です。（図でも説明）

T5：18を色々な数の組み合わせとして考えてくれましたね。

C6：2×9と$20 - 2$と$10 + 8$とかけ算や引き算や足し算等々に考えています。

T6：それでは，これらの考えのどれを使ってもいいので27×34を求めてみましょう。（34を$30 + 4$と見て計算をする一般化のよさを実感する）

　2位数×2位数の計算を意味も考えずに筆算形式を教えて形式的に練習させるのではなく，上述のメダカ問題のように既習の計算に帰着する考え（数学的な見方・考え方）を用いて計算方法を創造させることが大切である。

② 日常の事象を数理的に捉える際に役立てられるような技能を身に付けるための学習指導をどのように構成すればよいか

　「日常の事象を数理的に捉える」とはどのようなことを言うのだろうか。数理的に捉えるとは，日常の事象を算数の舞台にのせ数理的に処理できるようにすることである。その際，求められるのが事象を理想化したり，単純化したり，条件を捨象したり，ある条件を満たすものと見なしたり，仮定をおいたりする力である。このような過程を遂行する力（資質・能力）の育成も

重要な算数科の目標である。（文部科学省，2017）

　つまり，真正性のある日常事象の問題を与えて，条件化したり仮定をおいたりして，算数の舞台に載せる経験をすることが大切である。しかし，日本の小学生は数理的に捉える際に働く「仮定をおく」力が十分に身に付いていないことが分かっている（長崎他，2004）。従って，児童が自ら数理的に捉える問題を与え，条件化したり仮定を置いたりすることが重要である。このことを「交通量調べ（3年生）」（島田・西村，2006）で考察する。

> 学校の正門前の道路は，どれだけ多く車が通るのだろう。

T1：最近，正門前の道路で危ない経験をした人がいるのです。どの位，車が走っているかを調べたいと思います。

C1：質問があります。バイクは車に入れるんですか。

C2：自転車は車に入れるんですか。

T2：車に入れましょう。他に決めておくことはありますか。

C3：調べる時間は何分間ですか。

T2：15分間にしましょう。それでは，正門前の道路に行きましょう。

　このように，児童が条件や仮定を決めてから算数の舞台に載せる学習が大切である。

参考文献

文部科学省（2018）『小学校学習指導要領（平成29年告示）解説　算数編』日本文教出版.

長崎栄三・西村圭一・島田功他（2004）「算数と社会をつなげる力に関する研究」『日本数学教育学会誌第』86巻第8号，pp.3-13.

島田功・西村圭一（2006）「算数と社会をつなげる力の育成をめざす授業に関する研究-『仮定をおく』『仮説を立てる』『検証する』に焦点を当てて-」『日本数学教育学会誌』第88巻2号，pp.2-11.

（島田　功）

Q 46 統合的・発展的に考察する力を養うための学習指導の在り方について説明しなさい

1．統合的・発展的に考察する力

（1）算数科の目標としての位置づけ

　子どもたちに求められる資質・能力を示した『小学校学習指導要領（平成29年告示）』の算数科の目標の中に，「育成することを目指す資質・能力」として，「基礎的・基本的な数量や図形の性質などを見いだし統合的・発展的に考察する力」が明示されている。算数科の目標の中に「統合的」「発展的」の文言が示されたのは，教育内容の現代化が図られた昭和43年版の小学校学習指導要領の算数科の目標（「統合的，発展的に考察し処理する能力」と示されている）以来，実に50年ぶりのことであり，「数学的に考える資質・能力」として，「統合的・発展的に考える力」が重視されていることがわかる。

（2）統合的・発展的に考察する力

　『小学校学習指導要領（平成29年告示）解説　算数編』において，「統合的に考察する」ことは，「異なる複数の事柄をある観点から捉え，それらに共通点を見いだして一つのものとして捉え直すこと」と定義されている。また，次の3つの視点から捉えられ，発展的に考察を深める場面では，統合的に考えることが重要な役割を果たすことが示されている。

　　＜集合の視点＞
例：2，4，6…から共通の性質を見いだして「偶数」という1つのものにまとめるというように集合から捉える。
　　＜拡張の視点＞
例：整数の乗法の意味や形式を，小数，分数の場合にも考えられるように拡張して捉える。
　　＜補完の視点＞
例：乗法九九を構成する際に，1の段を加えて，九九表が完全になるように

補完して捉える。

　また,「発展的に考察する」ことは,「物事を固定的なもの,確定的なものと考えず,絶えず考察の範囲を広げていくことで新しい知識や理解を得ようとすること」と定義され,数量や図形の性質を見いだして考察する際に,新しい概念を構成したり,新しい原理や法則を見いだしたり,また,それらを適用しながら目的に合った解決が求められたりする場合や,新たな知識及び技能を生み出す場合に,発展的に考察することが必要となると示されている。(「統合的・発展的に考察する力」及び「統合の分類」については,中島(2015)を参照いただきたい。)

2．統合的・発展的に考察する力を養うための学習指導

　『小学校学習指導要領(平成29年告示)解説　算数編』の各学年の解説では,第3学年以降に,統合的・発展的に考察する活動の事例がいくつか紹介されているが,「統合的・発展的に考察する力」を養うためには,これらの事例の指導とともに,低学年の段階から,算数の学習指導において,「算数の内容の本質的な性質や条件」を明確に捉えるとともに,それをどのように統合的・発展的に考察させ得るかを検討し,実践する教師でありたい。

　例えば,第1学年の求差の学習指導においては,既習の求残の図と求差の図を同時に掲示して比較考察する場を設定し,「残りはいくつの計算と,違いはいくつの計算は,どこが似ていますか?」と,教師が意図的に問うことで,求差の被減数から,減数と一対一対応することができる数だけ引く操作が,求残と同じ操作になることに気づかせたい。また,第2学年の乗法九九の学習指導においては,児童が流暢に九九を唱えることができることで安心するのではなく,何の段の指導であろうと,「かけられる数」,「かける数」,「一つ分の大きさ」,「何個分」,「何倍」を常に意識させること,乗法の式を同数累加の式と関連付けること,乗数・被乗数と積の関係を考察させ,乗数が1増えると被乗数だけ増えることを意識させることを徹底して指導した上で,あらためて,被乗数が異なる複数の被乗数の九九(例えば,3の段と4の段)を同時に掲示して比較・考察する場を設定し,「3の段と4の段で似て

いるところはどこですか？」「かける数が1増えると3の段は3ずつ，4の段は4ずつ増えましたね。まとめていうと，かけ算ではかける数が1増えるとどれだけ増えるといえばいいでしょうか？」，「そのきまりは他の段でも同じように言えますか？」など，乗法九九の本質的な性質や条件を統合的に考察する場を設定したい。さらに，「かけられる数やかける数が10を越えると，どうなるでしょうか？」，「15の段をつくることができますか？」などと，考察の範囲を広げて，統合的に捉えた乗法九九の本質を，発展的な考察場面において，活用したり再認識したりする場を設定したい。乗法に関して成り立つ性質の学習や，被乗数が簡単な2位数の場合の考察は，これまでにもなされてきたものであるが，統合的・発展的に考察する力を養うための学習指導として捉え直して，上述したように，意図的・計画的に指導することによって，乗法九九についての本質的な理解を保障したい。

　この50年間，教科の目標には明示されていなくても，算数の授業においては，系統性・連続性が強いという教科の特質から，統合的・発展的に考察する活動は行われているはずである。この度の学習指導要領の改訂を踏まえて，今一度，教師自ら，算数の指導内容の本質を捉えることに努めたい。

参考文献

中島健三（2015）『FOSTERING MATHEMATICAL THINKING：THE PROGRESS OF MATHEMATICS EDUCATION IN JAPAN －復刻版－算数・数学教育と数学的な考え方－その進展のための考察－』東洋館出版社．

文部科学省（2018）『小学校学習指導要領（平成29年告示）』東洋館出版社．

文部科学省（2018）『小学校学習指導要領（平成29年告示）解説　算数編』日本文教出版．

（松浦武人）

Q 47　数学的に表現する力を養うための学習指導の在り方について説明しなさい

1．数学的表現の多様性と抽象性

　算数科の学習には，記号，言語，図，表，グラフ，半具体物の操作など，抽象度の異なる多種多様な数学的表現を用いて，また関連付けて，思考の過程や結果を表現するという特質がある。教師は，このような算数科の学習の特質を踏まえて，児童が目的に応じて表現を選択したり，その場の状況に応じて，他の表現に置き換えたり，異なる表現を関連付けたりして，数学的に表現する力を養うことが大切である。

　中原（1995）は，数学教育における表現様式を，抽象性，記号性の順序に基づき，以下に示すように，現実的表現，操作的表現，図的表現，言語的表現，記号的表現の5つに分類し，表現様式間の表現方法の変換を翻訳（translation），それぞれの表現様式への翻訳を，現実化，操作化，図化，言語化，記号化と称している。また，表現様式の変換には，表現様式間の変換と表現様式内の変換があることを指摘している。

＜現実的表現＞（Realistic Representation）

　実世界の状況，実物による表現。具体物や実物による実験などは個々に含める。

＜操作的表現＞（Manipulative Representation）

　具体的操作活動による表現。人為的加工，モデル化が行われている具体物，教具等に動作表現を施すことによる表現。

＜図的表現＞（Illustrative Representation）

　絵，図，グラフ等による表現。

＜言語的表現＞（Linguistic Representation）

　日本では日本語，米国・英国等では英語など，日常言語を用いた表現。またはその省略的表現。

<記号的表現＞（Symbolic Representation）

　数字，文字，演算記号，関係記号など数学的記号を用いた表現。

　算数の授業において，「式はどうなりますか？」と児童に立式を促すことは，記号という抽象的な表現を用いて簡潔・明瞭・的確に事象を表現する力を養うための学習指導を行っていることになる。一方で，「ことばや絵図，式などを使って，自分の考え方をできるだけわかりやすく説明しましょう」という指示のもとに，児童が考え方を記述したり発表したりする学習活動を構成することは，多様な数学的表現を関連付けて自分の考え方を相手に分かりやすく表現する力を養うための学習指導を行っていることになる。

　数学的に表現する力を養うため学習指導の在り方を考えるとき，教師は，数学的表現の多様性とともに，上述したような数学的表現の抽象性，記号性の順序を意識して，児童の実態に応じた学習指導を行うことが大切である。

２．数学的表現の置き換え・関連付け

　小学校学習指導要領（平成29年告示）解説算数編においては，数学的活動を遂行する上で，数学的な表現の相互の関連を図ることが重視されている。

　ここでは，数学的な表現の相互の関連を図る算数科の学習指導について，１つの数学的表現を他の数学的表現に置き換える場と，異なる数学的表現を関連付けて捉える場に分けて，具体的に述べてみたい。

（１）数学的表現の置き換え

　第４学年の算数の授業で，次のような問題が提示された。

【問題】テレビ塔の高さは90mで，これはデパートの高さの３倍です。
デパートの高さは学校の高さの２倍です。学校の高さは何mですか。

　この問題の解決に多くの児童が次のような関係図を用いていた。関係図は数量の関係を簡潔に図に表した数学的表現（図的表現）である。

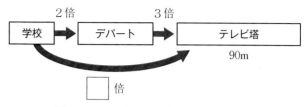

図6-47-1　多くの児童が用いた関係図

　ところが，この関係図をもとに立式をした児童の約半数が，「90÷5＝18，18m」とかいていたのである。これは2倍と3倍をたして5倍としてしまった誤答であり，これらの児童は，関係図から2倍の3倍が6倍であることを視覚的に捉えることができなかったのである。このような児童の実態を把握したとき，関係図をさらに具体的な表現（例えば，次のようなテープ図）に置き換えて，数量関係を正しく捉えることができるようにすることが必要となる。

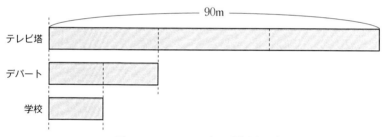

図6-47-2　テープ図（筆者作成）

　関係図をテープ図に置き換えるには，単に，「関係図をテープ図に表してみましょう」と促すのか，テレビ塔の高さは予めテープで示しておき，テレビ塔の高さがデパートの高さの3倍となるようにデパートの高さをテープで表現するところから児童に考えさせるのか，テレビ塔の高さを示したテープをもとにデパートの高さをテープで表現するところまでを教師が解説しながら児童と一緒に作図し，デパートの高さが学校の高さの2倍となるように学校の高さをテープで表現するところだけ児童に考えさせるのか，児童の実態に応じた支援と指導が必要である。

（2）数学的表現の関連付け

　関係図からテープ図へと数学的表現を置き換えることによって，2倍の3倍が6倍となることを視覚的に捉えさせるには，さらに，関係図とテープ図，式とテープ図など，複数の表現を関連付けて捉えさせる場を設定する必要がある。具体的には，「関係図の□の中に入る数が5ではなく6となることを，テープ図を使って説明しましょう（関係図とテープの関連付け）」，「90÷6の6は，テープ図のどこにありますか？（数字とテープ図の関連付け）」など，異なる表現を比較・考察させながら関連付ける発問を教師が意図的に行うことが必要である。

3．簡潔・明瞭な表現のよさ

　児童の実態に応じて数学的表現を置き換えたり関連付けたりする教師の学習指導は，児童自身が，表現の目的や相手の実態に応じて，数学的に表現するためのモデルを示すものである。教師は，児童の実態に応じて，数学的表現を置き換えたり関連付けたりしながら学習内容の理解を促すとともに，具体的な表現から抽象的表現への置き換え，具体的な表現と抽象的な表現の関連付けを通して，児童が，より簡潔・明瞭な表現のよさを感得するとができるように努めることが大切である。

参考文献

中原忠男（1995）『算数・数学教育における構成的アプローチの研究』聖文社.
文部科学省（2018）『小学校学習指導要領（平成29年告示）解説　算数編』
　　日本文教出版.

（松浦武人）

Q 48　算数科で学んだことを日常生活に活用しようとする 態度を養う学習指導の在り方について説明しなさい

「算数科で学んだことを日常生活に活用しようとする態度を養う 学習指導の在り方」とは

（1）算数科で学んだことを日常生活に活用しようとする態度をなぜ養うのか

　算数で学んだことを日常生活に活用しようとする態度をなぜ養うのだろうか。それは，算数の授業では，基礎的・基本的な知識及び技能を確実に身に付けることだけではなく，身に付けた知識や技能を生活や学習の様々な場面に活用することが大変重要だからである。その活用により児童にとって学習が意味あるものとなり，数学のよさを味わうことができる。この結果，児童の学習意欲や算数への関心も高まることになる。（文部科学省，2018）

　つまりなぜ，活用させるのかは，身に付けた知識及び技能を日常生活に活用することによって有用性などの数学のよさを実感を伴って味わい，算数への関心や学習への意欲を高めるためである。ところで，国立教育政策研究所（2015）によれば，日本の小学生で「算数・数学は楽しい」と答えた割合は75％であり，国際平均が85％なので10％低いことが分かる。また，中学生の比較になるが「数学を勉強すると，日常生活に役立つ」と答えた割合は，74％であり国際平均よりも10％低いことが分かる。こうしたことを改善するためには，算数で学んだことを日常生活に活用しようとする態度を養い，数学のよさを実感する必要があると思われる。

（2）「算数科で学んだことを日常生活に活用しようとする態度を養う学習 指導の在り方」を考える

　算数科で学んだことを日常生活に活用しようとする態度を養う学習指導を構成するためには，算数の授業に日常生活に関する問題を取り上げ，算数を活用する体験を重視した創造的な学習展開を準備する必要がある。（文部科学省，2018）。つまり，算数で学んだことを活用できるようにするためには，

算数の知識や技能を日常生活に活用したり，日常生活から探したりする活動を構成することである。

　なお，「日常生活」を広くとらえて，児童の家庭や学校での生活，地域社会での生活はもとより，国際社会や将来の社会生活も含めて考えるようにする。(文部科学省，2018)

　更に，国立教育政策研究所（2007）では，算数科の知識や技能を活用する場面を「日常生活での活用」と「他教科での活用」と「算数科での活用」としている。そこで本稿でも日常生活における活用を「日常生活での活用」と「他教科での活用」と捉え，算数科で学んだことを日常生活に活用しようとする態度を養う学習指導を以下の2点で構成する。

① 　算数科で学んだことを日常生活で活用するような学習指導を構成する

　例えば，2年生で乗法の学習をする。乗法の意味をつかみ，かけ算九九を構成し，かけ算九九を暗唱する。このような算数で学んだことを生かして身の回りから乗法を使って解決できる場面を探すようにさせる。

T1:教室の中からかけ算を使って求められる場面を見つけて式と答えを求めてください。

C1:ぼくは，天井にある蛍光灯の数をかけ算を使って求めました。2本のまとまりが6つあるので，2×6＝12　12本あります。

C2:私は，後ろの掲示板に貼ってある絵の数を求めました。縦に3枚，横に8枚あるので3×8＝24　24枚あります。

C3:ぼくは，クラスの人数を班の数が4人ずつで6グループあるので4×6＝24　24人と求めました。

T2:調べてみてどう思いましたか。

C4:かけ算で求められる場面がたくさんあることが分かりました。

C5:かけ算は便利だなあと思いました。

　以上のように，かけ算が使える場面を教室や廊下や学校中から探すような学習を取り上げる。このような学習指導により，かけ算のよさを感得する事にもなり，更に算数科を日常生活に活用しようとする態度が育成されることになる。

②　他教科での活用場面を取り上げるような学習指導を構成する

　国立教育政策研究所（2007）の「他教科での活用」問題を取り上げることができる。例えば，体育の走り高とびの授業で一人一人の高さの目標値を決めるのに，算数科の式が使われることを取り上げる。算数と体育を関連させた授業構成である。

体育で走り高とびの学習をしています。走り高とびの記録は，身長と50m走の記録に関係すると言われています。次の式で計算すると，走り高とびのめあてとなる高さが何cmになるかがわかります。

走り高とびのめあてとなる高さ（cm）を求める式

身長（cm）の半分に120を加えて，50m走の記録（秒）の10倍をひきます。（身長÷2）＋120－（50m走の記録×10）

けんたさんとよしおさんの身長と50m走の記録は，次のとおりです。

	身長（cm）	50m走の記録（秒）
けんた	140	8.0
よしお	160	8.0

　このような体育で活用する問題を算数科の授業で取り上げてこの総合式の意味を捉えさせ，その後，各自の目標値を求めさせるようにする。このように算数科が他教科でも使われていることに意識化を図り，算数の素晴らしさを体験させたい。

参考文献

国立教育政策研究所（2007）『平成19年度全国学力・学習状況調査解説資料小学校算数』.

国立教育政策研究所（2015）「国際数学・理科教育動向調査のポイント」www.nier.go.jp/timss/（2020年4月20日閲覧）.

文部科学省（2018）『小学校学習指導要領（平成29年告示）解説　算数編』日本文教出版.

（島田　功）

Q 49 「主体的・対話的で深い学び」の視点からの授業改善について説明しなさい

1. 「主体的・対話的で深い学び」とは

　「主体的・対話的で深い学び」とはどのようなことを言うのだろうか。「主体的な学び」とは，児童自らが算数の問題に取り組むことである。その問題解決の過程では見通しを持ち，粘り強く取り組み，問題の解決過程を振り返り，よりよい方法や新たな問いを発見したりすることである。「対話的な学び」とは教室の仲間に自分の考えを説明したり仲間の考えを聞いたりしながらそれぞれの考えの関連を付けたり考えのよさを見つけたりしてより良い考えを構成したり高めあったり考えを広げたりすることである。社会的相互作用の充実を図ることである。「深い学び」とは，日常事象や数学事象の問題解決の際に数学的活動を通して「数学的な見方・考え方」を働かせ，よりよい解決方法を求めたり，統合発展的に考察したりして思考や態度が深まることである。（文部科学省，2018）

　この事から，2つの視点で授業改善を図る。1つ目は，「深い学び」のために既習の知識と統合する授業である。2つ目は，「深い学び」のために日常の事象について「数学的な見方・考え方」を働かせ，数学的活動を通して問題解決し，より良い方法を見出す授業である。「主体的・対話的で深い学び」は，これらの3つの視点を相互関連させて授業を行ってこそ達成されると思われる。

2 「主体的・対話的で深い学び」の視点からの授業改善

（1）既習の内容と統合を図る授業

　深い学びのためには，新しい学びと既習の学びを関連させ，統合を図ることが重要である。統合とは内容や考え方をバラバラにしておくのではなく関連させて1つのものとして見ていくことである。そのことを分数＋分数（3

年生）で考察してみたい。ここで取り上げる事例は（島田，2008）を参考にしている。

> 0.4ℓのジュースと0.2ℓのジュースがあります。合わせると何ℓですか。

　既習の小数の足し算の復習から入っていく。単に0.4 + 0.2の計算技能の復習だけではなくどのような考え方で求めたかについても復習する。

T1：0.4 + 0.2の答えをどのように求めましたか。

C1：0.1 ×（4 + 2）= 0.6

C2：数直線で考えました。（数直線を書いて説明する）

T2：このジュースを分数を表すことができますか。

C3：4/10 + 2/10 = 6/10です。

T3：どうやって計算すればいいのでしょう。

C4：小数の足し算と同じように1/10を単位にして1/10 ×（4 + 2）= 6/10になります。

C5：数直線でも6/10になります。（数直線を書いて説明する）

C6：分数の足し算は，分母はそのままにして分子だけを合わせればよいように思う。

T4：なるほど，分母が他の数の場合でも考えてみましょう。2/5 + 1/5を求めましょう。

C7：分母が10の時と同じように1/5を単位にして1/5 ×（2 + 1）= 3/5

C8：数直線でも3/5になる。

C9：やっぱり，分母はそのままにして分子だけ足せばよい。

T5：そうだね。それでは，今までの足し算についてまとめてみましょう。

　　400 + 200，40 + 20，4 + 2，0.4 + 0.2，4/6 + 2/6

C10：100，10，1，0.1，1/6を基にすれば全部4 + 2の計算で求められる。

　以上，小数の足し算と関連させて分数の足し算の計算方法を予想させ，検証し，今までの加法を見直し統合させることが大切である。更には，この統合を図る際に単位の考えという数学的な見方・考え方が使われていることにも注意したい。

（2）日常の事象について「数学的な見方・考え方」を働かせ，数学的活動を通して問題解決するより良い方法を見出す授業

この視点での授業を構成するために「比例しているとみなす考え」（数学的な見方・考え方）を使った「紙の枚数調べ（6年生）」を考察する。

> 文集作りで多くの紙が必要になりました。文集を作るのに 800 枚の紙が必要です。ここにある紙で間に合うでしょうか。

紙の枚数を知るのに，厚さや重さを利用するという 2 つの方法が考えられる。どちらの方法も，単位量当たりの考え方や比例関係を用いている。1 枚分の紙の重さや紙の厚さを求めて，全体の枚数を計算で求め，実際の紙の枚数を知らせると紙の重さで求めた方がより正確に求めることができた。何故，紙の重さで求めた方がより良い方法なのかを尋ねると以下の様な反応が見られた。

> 「押す力によって厚さが変わってくるのかもしれない」，「ものさしが垂直になっていないかもしれない」，「厚さより重さの方が正確でびっくりした」，「重さがこんなにやくにたつとはおもわなかった。すごーくびっくりした」のように，重さで調べたほうが正確に調べられるということへの驚きや重さを活用することの便利さに関する感想が多く見られた。

最後に，重さで求める方法も厚さで求める方法も「比例しているとみなす考え」を用いていることや重さの方がより良い方法であることをまとめた。更に，図工で使う釘の本数も「比例としているとみなす考え」を用いて解決できるのではないかと考察対象を広げて終わった。

参考文献

文部科学省（2018）『小学校学習指導要領（平成29年告示）解説　算数編』日本文教出版.

島田功（2008）「整数・小数×小数，分数×分数の計算」成城学園初等学校数学研究部編『だから「小数と分数」は一緒に教える』東洋館出版社，pp.84-93.　　　　　　　　　　　　　　　　（島田　功）

Q 50　小学校低学年における算数科の学習指導上の課題とその対応について説明しなさい

1．低学年の算数指導における課題

　低学年の指導においては，幼児期の感覚的な認識を，数学的な見方・考え方を働かせて捉えられるようにすることが大切であると考える。しかし，幼児期からの体験など積み重ねてきたことを算数の舞台にのせていく過程をどのように行うか構想する際，自身の実践において下記の2点が課題である。
　①活動の目的意識をもたせること
　単元で働かせる数学的な見方・考え方が，児童の操作活動の中に顕在化するような活動を児童の側に立って構想することが課題である。
　②操作，言葉の整理を促し，概念化させていくこと。
　同じように表現していても着目しているものや基準としている物に違いがあるということがある。捉えていることを算数の言葉に結び付けて共有していくことが課題である。

2．低学年の指導事例　第1学年「ひろさくらべ」

(1) 単元で働かせる数学的な見方・考え方

　上述の課題を踏まえ，単元で働かせる数学的な見方・考え方を明確にするとともに，それらが顕在化するような活動を構想する。
　第1学年「ひろさくらべ」では，日常の事象から広さを見いだし比較する活動を通して，ものの大きさを任意単位を用いて数値化して捉えるよさを認識し，その見方・考え方を活用して，日常の事象を観ることができるようにすることがねらいである。これまでに児童は，長さ比べの学習における直接比較，間接比較，任意単位による測定を通して，長さの概念や量を数値化して捉えるよさを学習している。既習との関連を図り，「任意単位を用いて数値化して捉える」数学的な見方や，「帰納・類推・演繹・統合」といった数学的

な考え方を活用しながら解決していくことを通して，数理的な処理のよさを強化することができる。指導に当たっては，比較方法や任意単位の必要性について課題意識をもち，体験を通して追求できるようにすることで，生活や学習へ活用していく態度を育成したい。具体的には，既習の方法では解決できそうにない場面を提示し，何とかしたいという必要感から課題を設定する。また，長さ，広さ，かさの学習を区別なく，どれも同じ考えに立って比較・測定していると統合的に捉えられるようにしたい。具体的には，授業の導入で，長さの学習経験を想起させ，広さについても，同じように考えられないか類推的に考えたり，単元の終末で，長さ，広さの比較の方法を振り返る活動を設定したりする。本単元で働かせる数学的な見方・考え方は，次の通りである。

① 数値化することで，より能率的・正確に比べることができる。

② 数値化することで，量の大きさを記録したり，伝達できたりする。

③ 量を演算の対象として処理することができる。

(2) 授業の実際・考察

上述の課題②を踏まえ，学習活動と手立てを次のように具体化した。

活動1 陣取りゲームの結果を見て，どちらが広いか判断する。

手立て 問題場面の条件を変え，比べられなくなった理由を問うことで，児童に問いが生まれるようにする。

活動2 正答と誤答を対比して，比較の方法や結果を話し合う。

手立て 具体物，図，式，言葉を関連付けて考えることで，任意単位を揃える必要性を認識できるようにする。

活動3 長さの比較で用いた「任意単位を用いて数値化すること」を広さの比較において活用し，解決過程を振り返る。

手立て 長さの学習の板書記録と対比して提示し，問題解決の過程を統合的に捉えられるようにする。

活動4 授業の終末に，本時のまとめを視点に日常の事象を観る。

手立て 身の回りの画像を提示し，日常の事象の中にも，任意単位を用いて数値化するアイデアが用いられていることに気付けるようにする。

　活動1においては，前時に行った陣取りゲームとは違い，広さが比べられなくなったことから問いが生まれた。問題提示では，児童が体験を通してよさを実感できるよう，よさがないと困る場面を設定することが有効である。

　活動2においては，前時の比較の方法をもとにして，塗った数を数値化した場合（誤答）と，任意単位を揃えることを考えて数値化した場合（正答）を比較した。自他の考えの妥当性を検討する際は，指導者が誤答に寄り添うとともに，誤答と判断する理由を具体物や式，言葉などを関連付けながら話すように指導することに留意する必要がある。

　活動3においては，次のような反応がみられた。

T1：長さくらべと，広さくらべをみて，似ているところはありませんか。

C1：長さの時も，マスの大きさが違って比べられなくなった。

C2：マスの大きさを同じにしたら比べられた。

C3：どっちも「いくつぶんあるか」を数えて比べた。

　C1，C2，C3から分かるように，低学年の指導においては，既習事項を学習過程も含めて視覚的に想起させることが有効である。

　活動4においては，校舎内各所にある5枚のマットを比較した。児童は，マットに描かれている同じ大きさの図形を任意単位に用いて数え始めた。全て見た後，「オが一番広い。」「エが一番広い。」という意見に分かれた。再度，提示していくと，広さを数値化して記録する姿が見られた。さらに，任意単位を揃えて考える必要性のある場合を提示し，「どちらも12個分。同じ広さでいいよね。」と問いかけると，同じ大きさでないから比べられないことや片方の任意単位に揃えれば比べられることに気付く発言があった。低学年の指導においては，このような児童の言葉を簡潔性，能率性といった数学的な見方・考え方から価値付けていくことを大切にしていきたい。

（廣田朋恵）

Q51 小学校中学年における算数科の学習指導上の課題と対応について説明しなさい

　小学校中学年における算数科の学習指導上の課題と対応について，紙面の関係上，主に「A　数と計算」「B　図形」「D　データの活用」に焦点をあてて述べたい。

1．A　数と計算

（1）数の範囲の拡張と原理の統合

　第3学年から，整数の範囲が万から1億に広がり，さらに第4学年では億から兆へと広がる。それらの数の命数法や記数法，数の相対的な大きさについて指導する。第4学年では，4桁ごとに新たな単位を取り入れることを学び，十進位取り記数法について統合的に理解を深めていく。1万より大きい数になると，具体的に数えたり，唱えたりする経験が少ないため，指導にあたっては十進位取り記数法の原理を基に，数カードや数直線を用いて可能な限り視覚的に理解できるようにしたい。学習した数については，日常生活の具体的な場面を取り上げて関連付けたり，社会科のデータ資料と関連付けたりして，学習したことを生かしていきたい。

（2）目的に応じた概数の活用

　第3学年から，計算結果の見積もりや測定値の見当付けを経験している。第4学年では，概数の意味を理解して処理できるようにするとともに，目的に応じて概数を用いようとする態度を養うことができるようにする。概数を用いれば数の大きさを捉えやすくなったり，計算結果の見通しを立てやすくなったりといった概数のよさにも気付けるように，よさを振り返り価値付ける場面を大切にしたい。

（3）計算の仕方を考える指導の重視

　整数の加法及び減法，乗法や除法から，さらに小数の四則計算へと範囲を広げていく。指導の際には，図や式，言葉を使って計算の仕方をノートに記

述したり，図や式，言葉をそれぞれ関連付けて説明したりする場面をとる。児童が，既習の計算の意味や計算の仕方を活用して，計算の仕方を発展的に考えることができるようにしたい。

2．B　図形

（1）論理の重視

図形領域は，作図や敷き詰めといった操作的活動があり，視覚的に学ぶことができる。一方，作図技能の習得に時間をかけすぎたり，目的のない敷き詰め活動が展開されたりと，「活動あって学びなし」といった課題も見られる。例えば，第3学年では円を用いて二等辺三角形や正三角形を作図する。この学習では，作図技能の習得とともに，「なぜ円を用いるとかけるのか？」という論理を大切にしたい。また，第4学年では平行四辺形，ひし形，台形によって平面を敷き詰める活動がある。この学習でも，単に敷き詰めて終わりではなく，「どうして敷き詰めることができるのか？」という論理を考えることで，平行線の性質に気づくといった図形への見方や感覚を豊かにすることができる。

（2）日常生活の考察に生かす

図形領域で学んだことが，日常の事象と乖離していて生かされていないという課題は，全国学力・学習状況調査の結果からも指摘されてきた。図形を構成する要素に着目して見いだした性質を基に，日常の事象を捉え直すことが大切である。例えば，「マンホールのふたはなぜ丸いのか？」と，問うことで，第3学年で学ぶ円という図形のもつ特徴が生かされている事実を知り，算数の有用性を感得することもできるだろう。

3．D　データの活用

（1）統計的な問題解決活動の充実

統計的な問題解決については，「問題（Problem）－計画（Plan）－データ（Date）－分析（Analysis）－結論（Conclusion）」の5つの段階からなる統計的探究プロセス（PPDACサイクル）と呼ばれるものがある。この一連のプ

ロセスは，「問題」から「結論」に向けて一方向に進んでいくものではない。計画を立てながら問題を見直して修正したり，グラフを作り直して分析したり，ときにはデータを集め直したり，相互に関連し，行き来しながら進む。具体的に中学年では，第4学年の「イ　思考力・判断力・表現力等」の中に，「目的に応じてデータを集めて分類整理」，「データの特徴や傾向に着目」といった統計的探究プロセスを意識した記載が見られる。第1〜3学年には統計的な問題解決に関する記載がないが，第1学年の簡単な絵や図，第2学年の簡単な表やグラフ，第3学年の表や棒グラフを扱う際にも，文脈や目的がある中でデータを扱い，表やグラフに表して分析することを通して，問題解決をする活動を行うことが大切である。第1学年から第4学年の学習へと徐々に統計的な問題解決活動を取り入れた経験を積み，高学年での統計的な問題解決活動の充実につなげていきたい。

（2）子どもたちの目的意識を大切にした統計教育を

　これまでの算数科における統計教育では，集計の仕方，分類整理の仕方，表やグラフへの表現の仕方といった，知識・技能の指導に偏ってしまったという課題があったことは否めない。扱う教材についても，目的が曖昧で何のために分析するのかわからないものも多い。そこで，例えば第3学年の表や棒グラフを扱う際には，ただデータを表やグラフに表して読み取る学習をするのではなく，子どもたちに目的意識をもたせた中でデータを扱い，表やグラフに表して分析することを通して問題を解決する活動をすることが大切である。

参考文献

文部科学省（2018）『小学校学習指導要領（平成29年告示）解説　算数編』日本文教出版.

（村上良太）

Q 52　小学校高学年における算数科の学習指導上の課題とその対応について説明しなさい

1．小学校高学年における算数科の学習指導上の課題

　高学年における課題としてまず挙げられるのは「小数の乗法，除法」「分数の乗法，除法」の学習であろう。「小数の乗法」は第5学年で学習する「割合」の概念理解を図る上での基礎であり従来から様々な学力調査等において指導の困難さが課題として指摘されている。よってここでは，小数の乗法の学習に焦点を当て指導上においてどのようなことが課題と考えられるのかを検討していく。

　乗法の学習自体は第2学年から始まる。ここで学習する整数の乗法の意味付けは「1つ分の大きさが決まっているときに，その幾つ分かに当たる大きさを求める」「幾つ分といったことを何倍とみて，1つ分の大きさの何倍かに当たる大きさを求める」場合に用いるといったものである。第3学年までは「1つ分の大きさが決まっているときに，その幾つ分かに当たる大きさを求める」という意味付けに重点をおいた指導がなされており，「倍」の意味も「幾つ分」として指導している。整数は分離量という特徴をもっているので，第3学年までの子どもに指導される意味付けは具体的な場面と対応しやすく，積も同数累加で求められるので比較的理解しやすいと言える。

　その学習現状の中，第4学年で乗数が小数の場合にも乗法が使えるように意味を広げていく学習を行う。例えば，「80×2.5」のように乗数が小数になる場合であるが，2.5という小数は連続量であるため子どもたちが理解してきた乗法の意味である「1つ分の大きさが決まっているときに，その幾つ分かに当たる大きさを求める」という見方が適用できなくなる。積も同数累加では求められない。整数が小数に変わっても適応できるといった「言葉の式」などによる拡張が行われるが，「80の2.5つ分の大きさ」という実際場面は想定できないので，子どもたちは分かったつもりで終わっている。

さらに，第5学年の小数の乗法の学習では，「80×0.2」のように積が被除数より小さくなる場合も扱われる。これまでの学習から子どもたちは，「乗法の積は被除数よりも大きくなる」という誤概念（ミスコンセプション）をもっている傾向が強い。これも小数の乗法の学習を児童が理解することを妨げる要因となっていると考える。

　以上のことから，小学校高学年における算数科の学習指導上の課題の1つとして小数の乗法に関する学習での，小数の乗法の意味理解，乗数と積の大きさの関係に対する誤概念（ミスコンセプション）の2点を挙げる。

２．課題に対する対応

　上記の課題に対する対応として，乗法の意味を割合の見方に拡張させる学習指導を挙げる。

　今回の改訂で，第4学年で「倍」の意味を「基準量を1としたとき幾つに当たるか」に拡張する指導は行うことになったが，これを第5学年でもスパイラルな学習として扱っていくことが大切である。特に，「基準量を1とみる」という割合の見方を整数倍において再認識させ，小数倍へと関連付ける学習指導を行いたい。

　乗法の意味を割合の見方に拡張させる学習指導においては，まず第2学年での「幾つ分」「同数累加」での意味付けを想起させることを導入として扱う。その上で，割合の見方での拡張の必然性をもたせるために，乗数が小数になると「幾つ分」「同数累加」で意味付けができないことに気付かせていく。そこで，「基準量を1とみる」割合の見方で乗法の意味を拡張する。さらに，整数であっても，小数であっても同じ乗法の意味に基づいて演算ができることを理解させていくために，拡張された意味でこれまでの乗法を見直す，つまり統合させていくことが重要である。ここで有効なモデルとして数直線を挙げる。数直線は，整数，小数，分数など全ての実数を線上に表すことができる。例えば，「80×3」「80×2.5」「80×0.3」というそれぞれ整数倍，小数倍，小数倍（積が被除数より小さくなる場合）の式を同一の数直線上に表すことができるのである。この有効性を活用し，数直線と式の相互の

関連を図りながら割合の見方で捉えると同じ関係にある，よって同じ乗法になることを児童に実感的に理解させていきたい。その際，連続量を用いた実際の場面を想定させ，積の妥当性を検討させることも必要である。式と積との関係を数直線上で確認していく活動を通して，課題である乗数と積の大きさの関係に対する誤概念（ミスコンセプション）に対応していくことができると考える。

　最後に，分数の乗法の学習への関連付けについて触れておく。分数の乗法の学習においても，小数の乗法と同様に「倍」の意味についてはスパイラルな学習として扱っていくことが大切である。しかし，小数と分数では数のもつ特徴が異なることに配慮したい。小数は十進位取り記数法を拡張して数を表すことができるなど，整数の特徴と似ている部分が多く比例関係や倍関係がつかみやすい。さらに，分割の単位も0.1，0.01…と1/10倍の大きさに限定されていることなどからも整数倍との関連が数直線上で視覚的にも捉えやすい。しかし，分数は数の表し方や分割の単位などが整数や分数と異なるため，数としての理解に困難さがある。よって，第5学年で乗法の意味の拡張を割合の見方で行うことを重点化して指導しておく必要がある。そうすることで，数としての理解が困難な分数の乗法の意味理解が得やすくなると考える。第5学年で，整数，小数，分数の関連を見据え，小数の乗法の学習指導を行うことが学習指導上の課題への対応として必要なのである。

参考文献

文部科学省（2018）『小学校学習指導要領（平成29年告示）解説　算数編』
　　　日本文教出版.
日本数学教育学会（2009）『算数教育指導用語辞典 第四版』教育出版.

（髙淵千香子）

Q 53 幼小の接続を視点とした算数科の学習指導上の課題とその対応について説明しなさい

1. 幼小接続の現状

　幼小の接続（以下，幼小接続）とは幼児教育と小学校の教育の円滑な接続を意味する。小学校との連携の取り組みを行う幼稚園は全体の90.2%に達すると文部科学省は述べ，連携は近年盛んに行われている（文部科学省，2019）。園児と小学校児童の交流活動が最も多く，教諭同士の合同研修会や研究会の開催，授業参観や保育参観など，互いの教育活動を参観するという内容が含まれる。

　しかし，その中で算数に特化したものは皆無であるため，小学校の教員が幼児（年長児）の算数に関する能力や現状を把握している，同様に保育者が修学後に，どのように算数の学習が進められるのかを把握しており保育に活用する，という算数教育にとって望ましい状況には達していないというのが現状である。

　ここでは，こども園・保育所を含み，幼小接続について考える。

2. 幼児教育における算数的な内容の位置づけ

　2017（平成29）年改訂幼稚園教育要領では「健康」「人間関係」「環境」「言葉」「表現」の5領域が示される。そのうち算数に関わりがあるのが「環境」領域である。「環境」では「日常生活の中で数量や図形などに関心をもつ」という記載がある（文部科学省，2017，p.12）。また，同幼稚園教育要領では幼稚園修了時までに育ってほしい具体的な姿の一つに「数量・図形，文字等への関心・感覚」とある。これらのことから，幼児教育においても，算数の基礎的な素養を身につけることが求められていると言える。一方で，幼児教育の学習形態・内容は小学校と比べて多様で，算数に関わる活動が盛んに行われる園やそうでない園もある。

3．幼小の接続から見た算数科の学習指導上の課題

　幼小接続に関連する学習指導上の課題として次の4点，学ぶ環境の変化，遊びから学習への変化，合科から分科への移行，具体から抽象への移行を挙げる。これらは新1年生が学校生活に馴染めない様子を標榜した「小1プロブレム」に関わる。小1プロブレムは1990年代後期から幼小の教育システム間における双方のギャップと，教員間の連携不足が起因して認識されるようになった問題である（福元，2014）。このギャップは学びの方法や学習環境の変化により生じる。新1年生が小学校の生活に適応するには数ヶ月から一年程度かかり，ストレスがかかる（深田，2001）。そのため教師の適切な支援や指導だけでなく，児童が学ぶ環境の整備や見直しも必要である。

（1）学ぶ環境の変化

　幼保の環境では，例外を除き，長時間椅子に座って学ぶということがあまりないため，新1年生は小学校の学習環境に慣れる必要がある。1年生の教科書には就学前の遊びを踏襲，導入する場面が設けられており，緩やかに小学校の学習に慣れることが意図されている。それでも幼児にとって生活・学習環境の変化は大きい。オーストラリアやフィンランドの教室ではカーペットやソファーがあり，問題を解くときにソファーに座ったり，休憩時間に遊んだりする空間がある。これは新1年生の学習環境を整えるという観点から参考になる。ソファーを置くことは難しいにせよ，教室の一角に児童が様々な体勢でリラックスできるスペースをつくり，様々な感覚（視覚・聴覚・触覚）から学ぶことができる算数教材を用意するのはどうだろうか。入学当初は，多くの児童は「書くこと」に慣れてはいないが，教師の指示を視覚的・聴覚的に受け入れることはできるだろう。特に，文章の指示が書かれてあるものを把握できなくても，問題文を読んでもらったり，自分で声に出して読むことで，把握できる場合もある。多様なバックグラウンドを持つ児童らが無理なく学習を継続できるような環境をつくることが大切である。

（2）遊びから学習への変化

　幼児は遊びを通して学ぶ。幼児の生活や遊びの中に，算数に関わる内容は

多い。例えば，自由遊びで使われるつみきやブロック遊びでは，形の名称を幼児なりに理解して使う。「まんまる」「さんかく」「ながいしかく」「きれいなしかく」といった語彙で幼児らは形の特徴を把握する。色や形に分類もできる。パターンを作ることも彼らは好む。年長児にもなれば，10くらいまでの数であれば身の回りの生活を通して知っている幼児は少なくないし，基本的には好んでものを数える。数の大きさを把握しているとは言い切れないものの，大きな数（例えば100以上の数）の数唱を好んで行う幼児もいる。このように幼児らは生活や遊びの場面を通して，算数的な物や事柄に触れている。対照的に小学生になると単独の教科として算数を学ぶ。特に1学期の学習においては，遊びから学習につなげ，楽しい・嬉しいと児童が思い，積極的に学習する指導を心がけたい。その手がかりになるのが，5感を用いた遊びの活用である。幼児教育で使われる折り紙，手遊び，歌遊び，実物を使って手を動かして考えるということを，積極的に行いたい。必ずしも算数の話題に限らず，児童の関心や発言を尊重する教師の態度も求められる。

（3）総合的な学びから分科された学びへの移行

　幼児教育では5領域を通して総合的に幼児を育てることが求められており，総合的なカリキュラムアプローチであると言える。幼児教育では育成したい算数的な能力があり学習指導内容を考えるのではなく，例えば「お芋掘り」や「リレー」といった活動や遊びの中で，算数的な力だけではなく，他の教科や内容に関連する技能を高めることや生活全般のスキルを身につけることを意図して，教育活動が展開される。対照的に就学後は時間割が決められて，児童は様々な教科を個別に学ばなくてはならない。総合的な学びから分化された学びへの移行が求められている。児童にとってはこの学び方の変化は大きい。新1年生の学習指導では算数に関わらない発言や行動を尊重したり，総合的とまではいかなくても，緩やかに合科的な話題を提供したりすることなどがスムーズな移行を促すことになる。逆に他教科の指導においても数や図形についての知識は日常生活に関連するために参照できる。そこでは既習の算数科の学習内容を活用したり，取り上げたりすることが重要である。

（4）具体から抽象への移行

近年，幼児であっても抽象的・論理的な思考を行うことができると言われ，これらは数学的な思考を行うための基礎になるものである。しかし，抽象的な記号を使いこなすことは新1年生にとって難しい。例えば，こども園で実施した筆者らの研究では，数に親しみを持っている年長児でも，数字を書いたり，数字で数の大きさを比較したりするのは難しかった。幼児教育では文字を読んで問題に答えるということはほとんど行われていないため，文章の指示を理解し，自力で問題を解くことは難しい。就学後でも文章問題や文章による指示を口頭で伝える支援は一定期間必要である。また，文字や数字の間違いについても，寛容になってもいい。数唱できる，口頭で答えることができる場合でも，数字や式で書くときに難しさを感じる児童もいる。鏡字を書くことも新1年生にとっては普通のことで，トライアンドエラーの一種である。間違いを厳しく指摘して，児童の学ぶ意欲を低下させないように心がけたい。具体から抽象への移行については，抽象的な式や数字を用いる際には，具体物・半具体物の活用や体の部位や感覚（視覚・聴覚）を総合的に活用させて学習できるような指導者の配慮や工夫が必要である。

参考文献・URL

深田昭三（2001）「入学式の前と後－小学校への移行－」，無藤隆編『発達心理学』ミネルヴァ書房．

福元真由美（2014）「幼小接続カリキュラムの動向と課題－教育政策における2つのアプローチ－」『教育学研究』81（4），pp.396-407．

文部科学省（2019）「令和元年度幼児教育実態調査」https://www.mext.go.jp/component/a_menu/education/detail/__icsFiles/afieldfile/2020/01/30/1278591_06.pdf（2020年3月9日閲覧）．

文部科学省（2017）『幼稚園教育要領』文部科学省．

（中和　渚）

Q 54　小中の接続を視点とした算数科の学習指導上の課題とその対応について説明しなさい

　算数・数学科は，系統性が強い教科の特性を有することから，小中ギャップを起こしやすい教科といわれる。実際に，算数・数学に関する「関心・意欲・態度」の変化を調査した多くの結果において，小学生に比べ，中学生では「算数数学は役に立つ」，「算数数学は好きだ」などについて好意的な反応を示す児童・生徒の割合は他教科と比べても減少している。また，算数が得意であるという児童の割合も国際平均より低い結果になっている。つまり，中学校に入学しても数学を学ぶ楽しさやおもしろさを感じ続けることができる素地を豊かにすることが学習指導上の課題と考える。

　そのため小学校教師は，中学校における学習内容や学習方法との相違点を把握する必要がある。平成29年改訂の学習指導要領において，小学校第4学年から第6学年までの内容は「A数と計算」，「B図形」，「C変化と関係」，「Dデータの活用」の4領域に整理し直された。従前の領域名と比べると，中学校数学科の4領域（「A数と計算」，「B図形」，「C関数」，「Dデータの活用」）との系統性や発展性が明確となり，中学校との接続を意識した構成となった。それゆえに，両校種の教師はそれぞれの領域の関連について理解しておく必要がある。特に，「文字を用いた式，合同や拡大図，縮図，比例・反比例など小学校でも中学校でも指導する内容については，それぞれのねらいを踏まえた指導が一層求められるところである。

　「反比例」を例に学習指導上の相違点を考えてみよう。反比例については，全国学力学習状況調査において「反比例の表を完成させる」，「反比例を表した事象を選ぶ」，「反比例の表から式を求める」などの理解に課題があることがわかっている。小学校で扱う内容は，「日常生活に深く関わり，日常生活の場面を数理化して捉える程度の内容」が多いのに対して，中学校で扱う内容は，「数学として抽象的で論理的に構成された内容」となっている。つまり，小学校で学んだ内容を中学校では抽象的・論理的に学び直すことになっ

ている。小学校では導入において身近な事象を取り上げ，例えば，面積が12cm²の長方形の縦の長さと横の長さの具体的な数量の関係を考える場面を設定して，「一方が2倍，3倍，4倍，・・・と変化するともう一方は1/2倍，1/3倍，1/4倍，・・・と伴って変わる関係を反比例という」と定義する。中学校においても具体的な場面から反比例を導入するが，yがxの関数である数量関係の一つとして比例や反比例を学習するため，反比例は「yがxの関数で，y＝a/x（aは比例定数）と表されるとき，yはxに反比例する」と定義される。つまり，伴って変わる2つの数量関係を見いだして，それらの関係に着目し，目的に応じて表，式，グラフを用いて，2つの数量関係の変化や対応の特徴を小学校において考察することが，中学校の学習の素地となっている。特に小学校の指導と異なる点は，比例定数や変域に負の数を含むこと，グラフを座標平面上にかくこと，文字を用いた式によって関数を表現し考察し，1次関数などに拡張することである。小学校では比例定数や変数が正の数の場合しか扱わない。反比例の理解において，一方が増えればそれに対応してもう一方も減る関係として反比例を矮小化して捉える児童もいる。この点については，比例と反比例を比較したり，買い物代金とおつりの関係のような単調減少になる2つの伴って変わる数量関係と反比例を比較したりする学習指導を行うことが考えられる。その際，数量関係を言葉，図，数，表，式，グラフなどを用いて表現し，表現したことを相互に関連づけて捉えるようにする。そうすることで，先の全国学力学習状況調査における児童の課題改善につながると考える。

　ところで，平成29年度版学習指導要領改訂において両校種の総括目標は「数学的な見方・考え方を働かせ，数学的活動を通して，数学的に考える資質・能力を次のとおり育成することを目指す」と完全に一致した。当然ではあるが，数学的に考える資質・能力については発達段階に応じて目指すところが異なってくる。しかしながら，「数学的な見方・考え方を働かせ，数学的活動を通して」という学習の仕方は小中で共通する学びの方法であり，活動すること自体を学ぶという意味で共通の学びの方法となった。数学的活動とは，事象を数理的に捉えて，算数の問題を見いだし，問題を自立的，協同的

に解決する過程を遂行することである。つまり，現実の世界や数学の世界の事象を数学化し，数学的に表現し問題解決を行い，解決した結果を評価し現実の世界に「活用・意味づけ」を行ったり，数学の世界に「統合・発展，体系化」を行ったりするものである。ここで留意したいのは，学習形式をパターン化することではなく，教師自身が数学的活動を楽しむこと，そして，数学的考えるよさを味わうことに重点を置くことである。先に述べたような算数・数学嫌いの子どもたちを少しでもなくすために，このことは大変重要であると考える。教師が数学的活動の楽しさを実感することなしに，児童がそれを実感することはないだろう。教師自身が教科書に掲載されている問題の条件を変えて問題を作り解決したり，身の回りをよく観察して気づきを書き留めたりすることはすぐに始められることである。例えば「台形の面積公式を使える図形は何か」と考えてみる。既習の平行四辺形や長方形，ひし形，正方形ではこの面積公式が使えることを確認する。「他にはないのか」もう少し考えてみると三角形でも使えることがわかる。次に，条件を変えて，「ひし形の面積公式が使える図形は何か」と考えてみる。そして，「どうして正方形がこの面積公式を使えるのか，この面積公式を使える図形を他にかけないか」と考え続ける。考えてみたことについて根拠を基に説明してみるのはさらによい。このように，発展的・統合的に考えることを児童のみならず教師が体験することが小中接続の第一歩と考える。

参考文献

国立教育政策研究所（2012）『全国学力・学習状況調査の4年間の調査結果から今後の取組が期待される内容のまとめ〜児童生徒への学習指導の改善・充実に向けて〜中学校編』教育出版.

文部科学省（2018）『小学校学習指導要領（平成29年告示）解説　算数編』日本文教出版.

國岡高宏（2010）「分数と計算」（第6章第1節）数学教育研究会編『算数教育の理論と実際』聖文新社.

（神原一之）

Q 55　他教科との関連を意図した算数科の学習指導の課題とその対応について説明しなさい

1．算数科と他教科との関連の現状と課題

　グローバル化の進展や先端技術の高度化に伴い，21世紀型スキルやキー・コンピテンシーといった資質・能力の育成が求められている。そこでは，従来の教科による学習だけでなく，教科横断的な取り組みが注目されつつある。2017年（平成29年）改訂小学校学習指導要領においては，言語能力，情報活用能力，問題発見・解決能力等の学習の基盤となる資質・能力と，豊かな人生の実現や災害等を乗り越えて次代の社会を形成することに向けた現代的な諸課題に対応して求められる資質・能力を，教科等横断的な視点で育成していくことが求められている（文部科学省，2018a）。そのため，算数科においても他教科との関連を意図した学習指導を行い，教科等横断的な視点から資質・能力の育成に取り組む必要がある。

　算数科と他教科との関連に着目するという考えは近年に始まったものではなく，我が国における教科を関連付ける取り組みは，1900年前後(明治30年代)にさかのぼることができる。また近年では，アメリカから世界的に広まりつつあるSTEM（Science, Technology, Engineering and Mathematics）教育においても算数科と他教科との関連が重視されている。このように算数科と他教科との関連については，歴史的な深まりと地域的な広がりが見られ，授業実践や研究が数多く実施されてきている。しかしながら，依然として算数と他教科との関連についての共通認識不足による実証的研究の不備や学習指導の困難性が指摘されている。

　そのため，算数科と他教科との関連を意図した学習指導を行うには，共通認識として，何をどのように関連付けるのかという視点を持つ必要がある。そこで，「何を」として関連付ける事柄に，「どのように」として関連付け方に着目し，算数科と他教科との関連について検討する。

２．算数科と他教科を関連付ける事柄と関連付け方

　算数科と他教科を関連付ける事柄として，内容に着目する場合と方法に着目する場合が考えられる。ここで内容とは，学習指導要領に「内容」として記載されている事柄であり，「数と計算」や「図形」，「変化と関係」などである。また方法とは学習指導要領に「数学的な見方・考え方」として記載されている事柄であり，事象を数理的に捉え，見通しをもち筋道を立てて考え，統合的・発展的に考察することである。ただし，内容と方法は不可分であることに留意する必要がある。

　また，算数科と他教科との関連付け方として，共通点に着目する場合と相違点に着目する場合が考えられる。共通点に着目する場合，算数科で育まれた力を，算数科の文脈以外の学習や実社会の様々な場面で活用したり，他教科や実社会の具体的な場面から抽象的な算数概念を学習したりすることになる。一方，相違点に着目する場合，それぞれの教科において身に付けた資質・能力を統合的に活用し，各教科の学習では達成しづらい，現代的な諸課題に対応していくことになる。いずれの場合においても，算数科と他教科の本質について理解する必要があり，各教科の共通点と相違点を明確にする必要がある。

　以上から，算数科と他教科との関連は，①内容の共通点，②方法の共通点，③内容の相違点，④方法の相違点の４つの類型にまとめることができる。例えば，①内容の共通点では，第３学年の算数科「棒グラフ」と社会科「人口」における表や棒グラフ，第６学年の算数科「比例」と理科「てこのはたらき」などが考えられる。また，②方法の共通点では，例えば，算数科と理科に共通する方法として，「分類する」や「比較する」が考えられる（Charlesworth & Lind, 2009）。③内容の相違点では，森林の酸性雨の被害に関して，算数科のグラフや理科の植物に関する内容を関連付け探究的な学習を行うことが考えられる（文部科学省，2018b）。④方法の相違点では，実社会・実生活の課題の探究において，数学的な見方・考え方や言葉による見方・考え方を働かせることが考えられる。

3．算数科と他教科との関連の実践例

算数科と他教科との関連の実践例として，アメリカの小学校3年生向けに開発されたSTEM教育の単元例，未来の輸送機関を取り上げる（Johnson, Walton & Peters-Burton, 2017）。

本単元は4つの小単元，1授業45分×25コマで構成されている。単元を通して，児童はアメリカ大陸の地形を学び，国家の発展における鉄道の役割を調査し，21世紀における鉄道旅行について考察する。単元の前半では，児童はリニアモーターカーに関する鉄道技術の革新に関する概念理解を深め，科学的探究を通して磁性について理解し，算数的活動を通して距離や時間の概念を深める。ここでは，社会科における鉄道の歴史，理科における磁性，算数科における距離や時間に関する学習が行われる。単元の後半では，前半において学習した各教科の内容や方法を関連付け，休暇旅行のためのリニアモーターカーを工学設計（エンジニアリングデザイン）する。

単元の前半では，①学習内容の共通点の視点から，算数科の内容と日常生活との関連が行われている。また，後半では③内容の相違点や④方法の相違点から，算数科と他教科との関連が行われている。このように他教科との関連を意図した算数科の学習指導を行う際には，授業の目的に応じて適切な類型を用いることが必要である。

参考文献

Charlesworth, R. & Lind, K, K.（2009）．Math & Science for Young Children sixth edition, California: Wadsworth/ Cengage Learning.

Johnson, C. C., Walton, J. B. & Peter-Burton, E.（Eds.），（2017）．Transportation in the Future, VA: National Science Teacher Association.

文部科学省（2018a）『小学校学習指導要領』東洋館出版社.

文部科学省（2018b）『小学校学習指導要領（平成29年告示）解説　総合的な学習の時間編』東洋館出版社.

（髙阪将人）

第**7**章

算数科の教材研究の視点

Q 56 算数科の教材解釈の仕方について説明しなさい

1．教材解釈とその必要性

よい授業を行うためには，教材についての理解を深め，指導方法を検討することは欠くことができない。ここでは指導内容についての理解を深め，何を教えるかを明確にしていくことを「教材解釈」と呼ぶことにする。

算数科では，教科書に定義や性質，公式等が記されているためか，授業前の検討は指導方法に重点が置かれるようであるが，はたして，これで十分なのであろうか。例えば，第1学年の形づくりの学習で図7-56-1のように色板を裏返したり，回したりして五角形，三角形に変えるという経験をさせる。

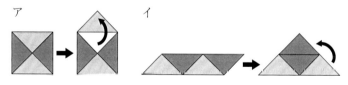

図7-56-1　形づくりの学習

この「裏返す」「回す」という操作が，平面図形の求積，図形の対称等の学習で用いられる対称移動，回転移動となる。また，1枚だけ動かすことは，より簡単な方法を考えようとする算数・数学の本質に触れることにも繋がる。これらのことを教師が理解していれば，指導方法もおのずと変わってくるであろう。

2　教材解釈の進め方

　まずは主たる教材である教科書を読み込むことである。その際，2社，できれば全ての教科書を比較したい。そうすることによって，「なぜ同じ（違う）数や図形が用いられているのだろうか」といった疑問が湧いてくるであろう。その疑問を解決することが，指導内容への理解を深めていくことになる。

　次に，指導内容の背景を探ることである。その際の視点として，(1) 数学的な視点，(2) 歴史的な視点，(3) 実用的な視点が考えられる。

　(1) については，先の第1学年の事例のように，教材の数学的な意味や系統を探ることである。子どもの問いや考えの源はそれまでの学習経験や既習の内容にあることが多い。子どもの素直な問いや考えを大切にした授業を行っていくために，指導内容の系統を探ることは重要である。

　(2) については，その指導内容が人間の営みとしてどのようにして生まれ，発展してきたのか，その過程を探ることである。例えば，第4学年で学習する0から9までの数字でどんな大きな数でも表すことができることを理解させる学習は，少ない記号を用いて位置によって数を表すこと，空位は0で表すことなどの先人の素晴らしい創意工夫によって生み出されたものである。

　(3) については，その指導内容が他教科，児童の学校や地域での生活，社会生活にどのように活用されているかを探ることである。例えば，なぜマンホールは円の形をしているのか。それは，円の直径はどこも同じであることから落下することがなく，他の形に比べ小さな力で転がして移動させることができるからである。この事例は円の性質や機能を生活に活かしていると言える。また，社会科の上水道や下水道の仕事の学習と関連している。

　(2)，(3) の視点は，子どもに算数・数学を学ぶ意義やよさを実感させる授業を行っていくためは，欠かせない視点であると言える。そのためには，教科書会社の指導書にとどまらず，算数・数学関連の書籍にも目を向けてみたい。

（今崎　浩）

Q 57　算数科の教材構成の仕方について説明しなさい

1．教材構成とは

　学習指導要領に示された指導内容は，一般に数時間から十数時間の授業のまとまりで身に付けさせていくものである。したがって，教材は各授業で個々に用いられるのではなく，ひとまとまりの教材として捉え直し，構成していく必要がある。こうした作業を「教材構成」と呼ぶ。学校現場においては，単元構成，単元指導計画などと呼ばれることもある。

2．教材構成の進め方

　算数科の場合，指導内容の系統がはっきりしているという教科の性格上，教材構成を大きく変えることは他教科に比べると難しい面がある。そのような中で，算数科の授業を行う前に，教師は何をすればよいだろうか。

　まず，行いたいことはQ56の教材解釈と同様に，主たる教材である教科書を読み込むことである。例えば，第5学年で平面図形の求積方法を考える学習がある。教科書では，次のア，イのような教材構成の違いが見られる。

　　ア　平行四辺形→三角形→台形→ひし形

　　イ　三角形→平行四辺形→台形→ひし形

　アの場合，導入の平行四辺形の求積において，児童は図7-57-1のように第4学年で学習した長方形の求積方法に帰着して考えるであろう。平行四辺形の方が三角形と比べ，既習の内容と関連付けやすいというメリットがある。

　また，この学習では底辺と高さについて理解させていくことが大切になる。平行四辺形と三角形を比較すると，図7-57-2のように三角形は高さに当たる長さが1つのみと捉えてしまいがちであるが，平行四辺形は四角形であることから三角形と比べると，高さを捉えやすいというメリットがある。

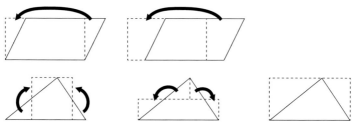

図7-57-1　平行四辺形と三角形の変形

　一方，イの場合は，平行四辺形は三角形に分割することができるため，既習の三角形の求積方法に帰着して求めることができる。このことによって，子どもは「（底辺×高さ÷2）×2＝底辺×高さ」と平行四辺形の求積公式を無理なく創りだすことができるというメリットがある。

図7-57-2　平行四辺形と三角形の高さ

　また，それぞれの求積方法を統合的に考察し，三角形に分割すると面積を求めることができるという共通点を見いだすことができるとともに，五角形，六角形も三角形に分割すると求めることができるのではないかと発展的に考察することを促すこともできるというメリットがある。

　このように，2つの教材構成には各々メリットがあるため，教材構成を行う際，ひとまとまりの教材（単元）で育成したい資質・能力を明確にしておく必要がある。また，主体的・対話的で深い学びの実現に向けて，見通しを立てたり，振り返ったりする場面，対話を通して自分の考えを深める場面をひとまとまりの教材（単元）のどこで設定するのかを検討する必要もある。

参考文献

八木義弘（2003）「算数教育の争点　第12回」『新しい算数研究』No.387，4月号，東洋館出版社，pp.28-29.
（今崎　浩）

Q 58　算数科におけるよい教材の条件について説明しなさい

　数学的な見方・考え方を働かせた数学的活動を充実させ，主体的・対話的で深い学びを実現していくという視点から，よい教材の条件を 3 つ挙げる。

1．「あれ？」などの問いを生み出す教材

　見通しをもち，粘り強く問題を解決していこうとする原動力となるのは「考えたい」という思いである。この思いを引き出すためには「あれ？」などの児童に問いを持たせることが重要である。

　このことを，平成 26 年度全国学力・学習状況調査 B 問題（2）を例に考えてみる。この問題は，「$37 \times \square$」の $\square$ の中に 1，2，3 の数字を入れて計算する。次に，4，5，6 を入れて計算する。すると，$37 \times 3 = 111$，$37 \times 6 = 222$ となり，同じ数字が 3 つ並ぶことに気が付く。そこで，7，8，9 を入れて計算すると，同じ数字が並ぶのはどの数かを考えるという問題である。

　この問題を教材として授業を構想すると，$37 \times 3 = 111$，$37 \times 6 = 222$ の段階で，児童は「あれっ？　同じ数字が並んだ！」という疑問を持つ児童が出てくるであろう。さらに，$37 \times 9 = 333$ となった段階で「なぜ 3 つの数字が並ぶのだろう」という学級全体の問いが生まれることが期待できる。

　ここで大切なことは，$37 \times \square$ に 1 〜 3 の数字を入れた時点では，児童は受動的であるが，4 〜 9 の数字を入れて計算した瞬間に「解決したい」という能動的な姿に変化する，その瞬間を教師が捉えて，学級全体の問いにしていくことである。そうした教師の眼が，その教材をよい教材に変えていくと言える。

2．多様な解法や解等が想定され，対話を生み出す教材

　対話が生まれるためには，複数の解法や解，複数の表現等が存在することが必要となる。A と B の 2 つの解法や解が存在することによって，A と B の

うちいつでも使えるのはどちらかと序列を考えたり，AとBの共通性に着目して新たなCに統合したりすることが可能となる。また，AとBが対立し，どちらが正しいのか，誤っているところはどこかを考えることによって，より確かな理解が得られることもある。

　多様な解法や解等が想定される教材は教科書の中にも多く見られる。例えば，第4学年の平面図形の求積の授業を教科書の教材を参考に構想してみる。

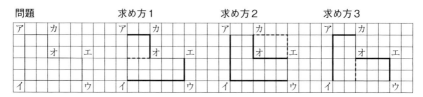

図7-58-1　複合図形の面積の求め方

　図7-58-1の問題を提示する。その際，図に長さは与えない。すると，児童の「長さが分からないと面積は求められない」という声が聞こえてくるであろう。教師は辺の長さに着目したことを評価し，「必要な辺の長さを測って面積を求めよう」と問いを明確にする。児童からは求め方1から求め方3のような求め方が発表されるであろう。次に，これらの求め方を考えていくと，児童は4本の辺を測っていること，さらには縦2本，横2本の辺を測っていることも見つけるであろう。このような対話を生み出す教材はよい教材と言えるであろう。

3. 新たな問いを生み出し，発展性のある教材

　数学的活動は，問題を解決したら終わりではなく，そこから学習内容を統合・発展させたり，身の回りの事象・日常生活の課題解決へ活用したりする一連の活動である。したがって，「他の数に変えたらどうなるか」と発展的に考えたり，「自分たちの生活に役立てることはできないか」と日常生活と結びつけて考えたりすることができる教材が求められている。

　このことを，ヴィットマン（E.Ch.Wittmann）が中心となって編集した『数の本』に掲載された「数の石垣」を用いた事例で考えてみる。

例えば図7-58-3のように太字部分を空欄にして提示する。

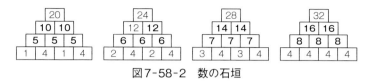

図7-58-2　数の石垣

　となり合う数を加えて上の段の数にするというきまりを確認し，空欄に当てはまる数を計算させる。計算を終えた子どもは「2段目の数の4倍が4段目の数になっている」「1段目のとなり合う2つの数を足して2でわった数の8倍が4段目の数になる」など，多くのきまりを見つけていくであろう。それらが図7-58-3のア・イでも同じように成り立つか，ウ・エのように児童自身が石垣を作り，考えることを促すことが期待できる。

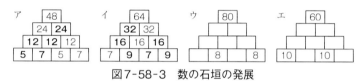

図7-58-3　数の石垣の発展

　このように問題が解決すると，また新たな問いが生まれる。こうした連続した学びを生み出す教材はよい教材と言えるであろう。

　ここまで，3つの教材を各条件に焦点を当てて紹介したが，いずれの教材も他の条件を満たしている。また，算数・数学を学ぶ意義や算数・数学のよさを実感させたり，数学的な見方・考え方を成長させたりする教材であるとも言える。よい教材は，私達の身近なところに数多くある。まずは，そこに目を向けるようにしたいものである。

参考文献

国立教育政策研究所「平成26年度全国学力・学習状況調査報告書」https://www.nier.go.jp/（2020年3月12日閲覧）.

清水静海他（2014）『わくわく算数4下』啓林館.

宮脇真一（2006）「1212の石垣」山本信也編著『ドイツからやってきた計算学習　数の石垣』東洋館出版社，pp.4-5，pp.26-31.

（今崎　浩）

1　算数科における生きて働く「知識・技能」の習得を意図した教材の在り方

　「教材」を最も広義にとらえると，教具と教育・学習内容の両方を含んでいるが，ここでは，「教育・学習内容」を「教材」ととらえ，論を進めていくこととする。

（1）中央教育審議会答申から

　平成28年12月の中央教育審議会答申では，各教科において育成を目指す資質・能力が3つの柱で整理され，その中の1つが「何を理解しているか，何ができるか（生きて働く「知識・技能」の習得）である。各教科等において習得する知識や技能は，相互に関連づけられ社会の中で生きて働く知識となることや，経験や他の技能と関連づけられ，状況の変化に応じて主体的に

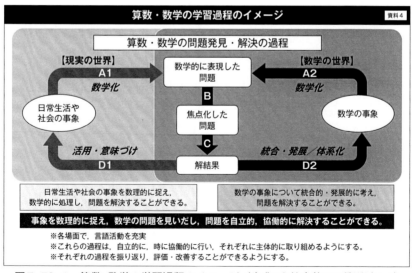

図7-59-1　算数・数学の学習過程のイメージ（出典：中教審第197号別添4-1）

活用できる技能となることなどが求められている。

　このことを受け，算数・数学においては，求める学習過程のイメージとして図7-59-1が示された。算数の学習においては，授業の中で身につけた知識や技能がその場限りのものにとどまるのではなく，次の学習や他の場面で活用されることにより，生きて働く知識や技能となることが望ましいと言えよう。

（2）「知識・技能」の習得を意図した教材が持つべき要件

　知識・技能の習得を意図した教材というと，ドリル的な要素を持つ教材を思い浮かべるであろう。特に数と計算の領域において計算技能は，欠くことのできない必要なものである。だからと言ってむやみやたらとドリル学習を講じると，児童はやがて算数の学習に嫌悪感を持ち，算数の学習に対する誤ったメッセージを発しかねない。

　ドイツの数学教育学者ヴィットマン（Wittmann. E. Ch.）は，計算習熟のための教材として「生産的練習」という概念を提唱した。そして國本は，この生産的練習について「ある課題を解決するなかで，必然的に多くの計算を行い，知らず知らずの内に，計算技能が身につき，その習熟も達成される」，「計算しながら問題解決し，問題解決しながら計算練習する」と述べた。つまり「生産的練習」では，はじめは単に計算に取り組むが，やがて計算が進むにつれ，児童の中に問いが生まれ，その問いを解決する中で多くの計算に取り組み，自ずと技能が高まるというものである。

　また，授業で学んだ知識はそれを覚えて終わるのではなく，場面や状況を変えて使ってみることにより，より確かなものとなる。答申で示された図で言えば，「D1活用，意味付け」や「D2統合・発展／体糸化」の部分がこれにあたる。次項では，具体的な事例をもとにこれらの教材について論じていきたい。

2 「知識・技能」の習得を意図した教材の具体例

（1）生産的練習の事例

「123」や「456」のように一の位の数が百の位の数より2大きい3桁の数

に198を加えてみよう。どんなことが起こるだろうか。

```
  123        234        345        456                  587
+198       +198       +198       +198                 +198
─────      ─────      ─────      ─────                ─────
  321        432        543        654                  785
```

図7-59-2　生産的練習の例①　　　　図7-59-3　生産的練習の例②

図7-59-2の計算は，いずれもその和は被加数の数値の順序が逆になった数である。このことに気づいた子どもたちは，「次の問題は567＋198」と予想するであろう。そこで，教師は図7-59-3を提示する。

図7-59-2の問題では，被加数が連続した数で構成されているのに対して，図7-59-3ではそのパターンが崩れている。一見これまでのパターン通りにならないように見えるが，計算すると和は785になっており，改めて，子どもたちの認知的葛藤を促すことになる。

一の位の数が百の位の数より2大きい3桁の数に198を加えると，これと同じことが起こる。ここで「このような3桁の数はいくつありそうか」ということを問うことにより，児童は自ずと多くの計算をしながら，被加数の百の位の数と一の位の数の差にパターンがあることを追究することにつながる。

（2）全国学力・学習状況調査の事例

図7-59-4は，平成31年度の全国学力・学習状況調査問題である。この問題は，長方形の紙を直線で切ってできた4つの形が台形であるかどうかを判断するものである。向かい合った一組の辺が平行な四角形が台形であることを確認し，それらの辺が平行である理由をもとの長方形の「二組の向かい合う辺が平行でる」という性質から導くことが求められる。つまり，長方形についての知識を生かして台形を判断することにつながるものであり，図形どうしの関係にも注目できる教材と言えよう。

参考文献

中央教育審議会（2016）「幼稚園，小学校，中学校，高等学校及び特別支
　　　援学校の学習指導要領等の改善及び必要な方策等について（答

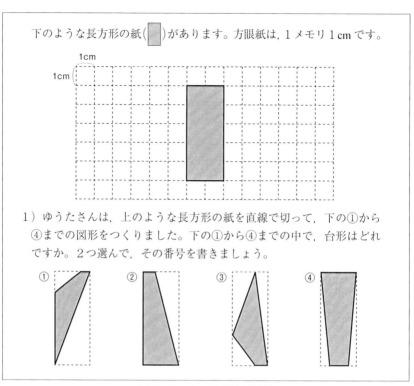

下のような長方形の紙（▮）があります。方眼紙は，1メモリ1cmです。

1cm
1cm

1）ゆうたさんは，上のような長方形の紙を直線で切って，下の①から
④までの図形をつくりました。下の①から④までの中で，台形はどれ
ですか。2つ選んで，その番号を書きましょう。

①　②　③　④

図7-59-4　算数調査問題

申）」（中教審第197号）.

國本景亀（2006）「機械論から生命論へ（練習に焦点をあてて）：機械的練
習から生産的（創造的）練習へ」『日本数学教育学会誌』，88（2），
pp.12-19.

宮脇真一・山本信也（2019）「『粘り強く考える態度』の育成のための教材
開発：教材としての『まほうの数：198』の意義」『日本数学教育
学会誌』，101（8），pp.2-12.

国立教育政策研究所（2019）「全国学力・学習状況調査」https://www.nier.
go.jp/（2020年4月29日閲覧）.　　　　　　　　　　　　（宮脇真一）

Q60 「思考力・判断力・表現力等」の育成を意図した算数科の教材の在り方について説明しなさい

1.「思考力・判断力・表現力」の育成を意図した教材の在り方

「教材」を最も広義にとらえると，教具と教育・学習内容の両方を含んでいるが，ここでは，「教育・学習内容」を「教材」ととらえ，論を進めていくこととする。

（1）学習指導要領解説から

平成29年3月の小学校学習指導要領では，算数の学習において育成する思考力・判断力・表現力として「日常の事象を数理的に捉え見通しをもち筋道を立てて考察する力」，「基礎的・基本的な数量や図形の性質を見いだし統合的・発展的に考察する力」，「数学的な表現を用いて事象を簡潔・明瞭・的確に表したり目的に応じて柔軟に表したりする力」が示された。「思考力・判断力・表現力」の育成を意図した教材の在り方を考察するあたり，まずはこれらの力について整理しておきたい。

① 日常の事象を数理的に捉え見通しをもち筋道を立てて考察する力

日常の事象を数理的に捉える際には，事象を理想化したり単純化したり，条件を捨象したり，ある条件を満たすものを見なしたりするなどの課題の定式化が行われる。図7-59-1（Q59参照）で言えばA1およびB1に見られる「数学化」の部分の活動がこれにあたる。これら見通しをもつ段階では，いくつかの事例から一般的な法則を帰納したり，既習の似た事柄から新しいことを類推したり，ある程度見通しが立った段階で既知の事柄から演繹的に考えたりすることが必要になる。

また，筋道を立てて考えることは，正しいことを見いだしたり，見いだしたことの正しさを確かめたりすることであり，ある事実や判断の正しさを他者に説明する際に必要なことである。

②基礎的・基本的な数量や図形の性質を見いだし統合的・発展的に考察する力

学習指導要領解説では，「統合的に考察する」こと，「発展的に考察する」ことについて，次のように整理されている。

・統合的に考察する：異なる複数の事柄をある観点から捉え，それらに共通点を見出して一つのものとして捉え直すこと

・発展的に考察する：物事を固定的なもの，確定的なものと考えず，絶えず考察の範囲を広げていくことで，新しい知識や理解を得ようとすること

これら統合的・発展的に考察する力は，先の図ではD2の部分にあたり，学習した過程や結果を振り返りながらよりよく問題を解決しようとするいわゆる学びに向かう力にもつながるものとしてとらえることができよう。

③数学的な表現を用いて事象を簡潔・明瞭・的確に表したり目的に応じて柔軟に表したりする力

数学的に表現することは，先に述べた日常の事象を数理的に捉え見通しをもち筋道を立てて考察したり，基礎的・基本的な数量や図形の性質を見いだし統合的・発展的に考察したりする際に必要となる。事象を数学的に表現することで，事象を簡潔・明瞭・的確に表したり目的に応じて柔軟に表したりすることが可能となる。表現するにあたっては具体的な事柄を「つまり」と一般化して表現したり，抽象的な事柄を「例えば」と具体的に表現したりするなど，場面や状況に応じて柔軟にその表現方法を変えていくことも大切である。

（2）「思考力・判断力・表現力」の育成を意図した教材が持つべき要件

これまで述べてきたように，「思考力・判断力・表現力」は，先の図に示された「算数・数学の学習過程のイメージ」の全体を通して育成されるべきものである。「思考力・判断力・表現力」の育成を意図した教材が持つべき要件としては，これまでにとらえてきた「たし算やひき算の意味」「三角形の性質」などといった算数で学習する教科固有の内容を把握することがまずは必要である。それとともに，例えばたし算とひき算の学習において，数の範囲を広げたり，計算の方法を変えたりした時，また，三角形の学習において四角形，五角形，六角形…と形を変化させた時などに，何が変化して何が変わらないのかといった視点で考察するような資質・能力の育成につながる可能性も教材の持つべき状況として必要であろう。目の前にある教材を条件を変

化させていかに発展的に捉え直すことができるか，複数の事象があった時，比較・検討するための視点をいかに持つことができるかという視点も，「思考力・判断力・表現力」の育成を意図した教材が持つべき要件の一つと言えよう。

2. 「思考力・判断力・表現力」の育成を意図した教材の具体例

図7-60-2は，平成31年の全国学力・学習状況調査における問題である。出題の趣旨は，「日常生活の問題の解決のために，場面から伴って変わる2つの数量を見出し，数学的に表現・処理して判断することができるかどうかをみる」とされており，3つの小問が出題されている。

はるとさんたちは，遊園地に来ています。

(1) 乗り物券を買うために列に並びました。
　はるとさんは，だいたい何分後に乗り物券を買う順番がくるのかを知りたいと思いました。
　はるとさんは，前から数えて20番目でした。
　列に並んでいる人は，同じ進みぐあいで進んでいます。

だいたい何分後に乗り物券を買う順番がくるのかを知るためには，何を調べればよいですか。
下のアからエまでの中から1つ選んで，その番号を書きましょう。
　ア　5人で何mの列になっているか。　　イ　5mで何人並んでいるか。
　ウ　5分後は何時何分になっているか。　エ　5分間で何人買ったか。

(1) は，遊園地で乗り物券を買うために列に並ぶ場面が提示され，あとどのくらい待てば自分の順番が来るのかを考えるために必要な条件を選択することが求められており，「日常生活の事象から伴って変わる2つの数量を見いだすこと」をみる問題とされている。これは (1) の①で挙げた日常の事象を数理的に捉え見通しをもち筋道を立てて考察する力につながる問題である。

(3) はるとさんたちは，限定商品を買いたいと思っています。次の予定があるので，午後3時までにはレジに着きたいと考えています。

　列に並ぶと，レジまでは14ポール分ありました。ポールとポールの間の長さはどこも同じです。

　はるとさんたちが並んでから，4ポール分進むのに8分間かかり，残り10ポール分になりました。午後3時までは，残り33分間です。そこで，33分間以内にレジに着くことができるかどうか考えてみました。

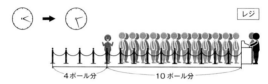

はると

> 4ポール分進むのに8分間かかったことから，残り10ポール分も同じ進みぐあいで進むとして考えます。
> 8÷4＝2で，1ポール分には2分間かかります。
> 残り10ポール分なので，2×10＝20で，20分間かかります。
> だから，33分間以内にレジに着くことができます。

　ところが，レジにいる店員さんが減ってしまいました。それからは，3ポール分進むのに9分間かかり，残り7ポール分になりました。午後3時までは，残り24分間です。

　そこで，はるとさんたちは，24分間以内にレジに着くことができるかどうかを，もう一度考えてみました。

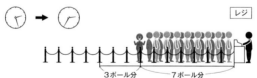

あかり

> 3ポール分進むのに9分間かかったことから，残り7ポール分も同じ進みぐあいで進むとして考えます。

　3ポール分進むのに9分間かかる進みぐあいで進むとすると，残り7ポール分進むのにかかる時間は何分間ですか。

　求め方を言葉や式を使って書きましょう。また，答えも書きましょう。

　さらに，24分間以内にレジに着くことができるかどうかを，下の1と2から選んで，その番号を書きましょう。

　1　着くことができる。　　　2　着くことができない。

図7-60-2　算数調査問題②

（3）は，限られた時間の中で買い物をするために列に並んでいるときに，列の進み具合が途中で変化することにより，時間に間に合うかどうかを検討する問題であり，「場面の状況を数理的に捉え，数学的に表現・処理し，得られた結果から判断すること」が出題の趣旨とされている。この問題では，レジの人数が減ってしまったために新たな到着時刻を図や式を使って求め，当初の予定に間に合うかどうかを求めるものであり，（1）の③で挙げた数学的な表現を用いて事象を簡潔・明瞭・的確に表したり目的に応じて柔軟に表したりする力につながる問題である。

参考文献

中央教育審議会（2016）「幼稚園，小学校，中学校，高等学校及び特別支援学校の学習指導要領等の改善及び必要な方策等について（答申）」（中教審第197号）.

国立教育政策研究所（2019）「全国学力・学習状況調査」https://www.nier.go.jp/（2020年4月29日閲覧）.

（宮脇真一）

Q 61　「学びに向かう力・人間性」の涵養を意図した 算数科の教材の在り方について説明しなさい

1. 算数科における「学びに向かう力・人間性」の涵養を意図した教材の在り方

「教材」を最も広義にとらえると，教具と教育・学習内容の両方を含んでいるが，ここでは，「教育・学習内容」を「教材」ととらえ，論を進めていくこととする。

(1) 中央教育審議会答申から

平成28年12月の中央教育審議会答申では，各教科において育成を目指す資質・能力が３つの柱で整理され，その中の１つが「学びに向かう力，人間性」である。ここで求められていることは，「数学のよさに気づき，算数の学習を生活や学習に活用しようとすること」「学習の過程と成果を振り返ってよりよく問題解決しようとする」態度である。求める学習過程のイメージ（図7-59-1，Q59参照）においてはD1およびD2の部分がこれにあたる。そういう意味では，よりリアリティのある場面での活用が期待されていると言えよう。

(2)「学びに向かう力・人間性」の涵養を意図した教材が持つべき要件

ベルギーの数学教育学者L.ファッシャフェルは，小学校の算数課教育で大切にされてきた３つの側面として，「機械的な側面」「構造的な側面」「現実的な側面」を挙げた。（Verschaffel, 2012）ここで言う「現実的な側面」とは「算数と現実の関係を重視する側面」である。平成20年および同29年の学習指導要領では「算数で学んだことを生活や学習に活用としようとする態度を養う」ことが算数科の目標の１つとされ，山本（2018）は「現実的な側面」について，「ますます重視されることになるだろう」と指摘している。

従来の算数の学習において現実的な場面とのつながりは，授業の導入時に児童にとって身近な場面を提示し，その中から算数の学習問題につないでい

くことが多かった。そして，一旦問題を解決した後はもとの場面に戻ること
は少なく，練習問題で定着を図ることが常であったと言っても過言ではな
い。「学びに向かう力・人間性」の習得を意図した教材では，学習したことを
もう一度実際の場面に戻し，当初の現実的な場面を再度検討することで，
「学びに向かう力・人間性」の習得することができると考えられる。

2 「学びに向かう力・人間性」の涵養を意図した教材の具体例

（1）研究開発学校（熊本県大津町立大津小学校）での実践事例

　ここで紹介する教材，「台風の目」は，長さ5mの棒を児童4〜5人で持
ち，定められたコースの中にあるポールの周りを1回転しながらゴールを目
指す運動会の団体競技である。大津小学校では新教科「生活数理」の開発に
あたり，この「台風の目」の教材化を図った。

　わずか2週間あまりの運動会練習期間に人間の走力が飛躍的に伸びること
は考えにくい。そこで，「時間＝道のり÷速さ」という関係の中で「速さ」
を一定とみなし，「時間」を短縮するには「道のり」を短くすることを課題
とする。

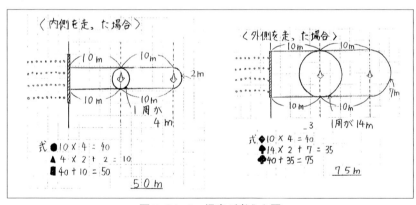

図7-61-1　児童が考えた図

　つまり，児童にとっては，「いかにして，走る距離を短くするか」という
ことを考える事になる。図7-61-1は，実際に児童が書いた図である。4年
生の児童にとって，円周の長さを求めることは未習である。そこで，この部

分の長さは，校庭で実測をした。また，児童は「走る距離を短くする」こと
を念頭に置きながら，個々の力量よりも「役割を分担する」「並んで待つ間
は互いの間隔を短く詰めるようにし，タイミングを合わせて棒を飛び越え
る」などといった集団の力量を高めようとするところに，「学びに向かう力・
人間性」の育成というねらいが達成される教材と言えよう。

（2）全国学力・学習状況調査の事例

　図7-61-2は，平成29年度の全国学力・学習状況調査問題である。この問
題は，「ハンカチとティッシュペーパーを持ってきているかどうか」を調べ
るという場面を問題の文脈にのせ，割合を比較するという目的に適したグラ
フを選ぶことができるかどうかをみる問題である。単に割合を求めたりグラ
フのかき方を学んで終わるのではなく，目的にあったグラフはどれかを考え
る場面が設定されている。正答である「3」の帯グラフを選んだ児童は
29.4%にとどまり，課題が指摘されている。

　このように授業で学習した内容を実際の場面にもどして再度検討すること
により，現実的な場面での活用につながるという意義ある教材と言えよう。

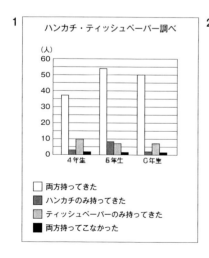
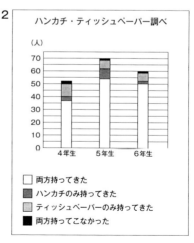

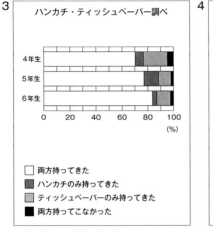

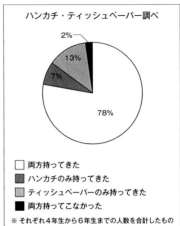

図7-61-2　算数調査問題

参考文献

中央教育審議会（2016）「幼稚園，小学校，中学校，高等学校及び特別支
　　　援学校の学習指導要領等の改善及び必要な方策等について（答
　　　申）」（中教審第197号）.

熊本県大津町立大津小学校（2018）『「学びに向かう力」を育てる新たな挑
　　　戦　熊本発「生活数理」の軌跡』東洋館出版社.

Verschaffel, L.（2012）Growth and success of "mathe 2000". A privileged
　　　observer's view. mathe 2000 Symposium.Dortmund, Germany,22
　　　September.

国立教育政策研究所（2019）「全国学力・学習状況調査」https://www.nier.
　　　go.jp/（2020年4月29日閲覧）.

　　　　　　　　　　　　　　　　　　　　　　　　　　　（宮脇真一）

第8章

算数科の教師の職能成長

Q 62　算数科の教師としての職能について説明しなさい

1. 授業の在り方と算数科の教師としての職能

　算数科の教師としての職能を考えるうえで，どんな算数教育を理想とするかで，その内実も変わってくる。

　湊（2002）は，明治期以降の算数・数学の授業を考察し，講義型，問答型，自力解決・討論型という3つの授業の型の存在を指摘し，それぞれの特徴や，そこで展開される学習の型，そうした授業を支える教科観・数学観，教師に求められる資質について，表8-62-1のように整理した。

　まず，講義型の授業では，教師の説明が中心となり，教具の操作も教師が行うため，子どもの学習活動は，単に知識を吸収するものとなる。そこでは，学習内容である数学は唯一絶対の真理と考えられ，教師は，教科書の内容を正確に説明することが求められる。次に，問答型の授業では，子どもの心理が配慮され，教師と子どもの間に発問や応答といったやり取りがあるものの，講義型と同様，学習内容である数学は唯一絶対の真理と捉えられている。そのため，教師には，子どもの心理を理解することと教科書の内容を正確に説明することが求められる。

　それに対して自力解決・討論型の授業では，与えられた学習課題に子どもが取り組み，子ども同士の議論を通して深化や一般化が図られる。そのた

め，教師には，活動としての数学といった数学観，子ども中心の学習活動に
むけた教材研究や授業設計，さらには，授業で生じる子どもの多様な思考や
発言・表現に対する即興的で意味ある対応が求められる。

表8-62-1　算数・数学授業の三型と教師の資質

授業型	特徴	学習の型	教科観・数学観	教師の資質
講義型	教師の説明を中心とし，教具の操作も教師により行われる講演会的授業	受動的 注入 知識吸収	唯一絶対の真理 内容・方法は既定 外在的数学観	数学を学問体系に沿ってきちんと諳んじる事が出来る力
問答型	講義式の中に発問・応答が組み入れられ，必然的に子どもの心理（例えば誤り，意欲）が入り込み，これが無視できない授業	自発的・自主的 発問・応答 発見	唯一絶対の真理 方法に自由度 外在的数学観	講義型授業を実践出来る数学の力と，効果・効率を高めるための教育心理学的知識（知識やその獲得に関するものや動機付けに関するもの）
自力 解決 ・ 討論型	学習課題が与えられ，子どもの取り組み，その後の討論による深化や一般化を図る授業	主体的 創造・発明	内容・方法に 自由度 内在的数学観	数学の果たす役割の認識に基づき，教材を選択し，子ども達の活動を中心に据えるために適切な課題を設定して，思考活動が積極的に行われるようにし，更に子ども達の討論を意味あるものに組織出来る力量

（湊，2002，pp.3-4，pp.8-10より筆者作成）

　このように，どんな算数教育を理想とし，どんな授業を実施したいかに
よって，算数科の教師に求められる職能も変わってくる。

2．これからの算数科の教師としての職能

　教師志望の学生にとって，自分たちがどんな職能を獲得すべきかを考える
にあたり，2019年度から導入された「教職課程コアカリキュラム」は参考
となるであろう。教職課程コアカリキュラムとは，教育職員免許法及び同施

行規則に基づき，全国すべての大学の教職課程で共通的に修得すべき資質能
力を，教職課程の各事項について「全体目標」,「一般目標」,「到達目標」と
して示すものである。例えば，各教科の指導法についての資質能力は，表8
-62-2のように示されている。

表8-62-2　各教科の指導法に関する教職課程コアカリキュラム

全体目標: 当該教科における教育目標，育成を目指す資質・能力を理解し，学習指導要領に示された当該教科の学習内容について背景となる学問領域と関連させて理解を深めるとともに，様々な学習指導理論を踏まえて具体的な授業場面を想定した授業設計を行う方法を身に付ける。	
(1) 当該教科の目標及び内容	(2) 当該教科の指導方法と授業設計
一般目標: 学習指導要領に示された当該教科の目標や内容を理解する。	一般目標: 基礎的な学習指導理論を理解し，具体的な授業場面を想定した授業設計を行う方法を身に付ける。
到達目標: 1) 学習指導要領における当該教科の目標及び主な内容並びに全体構造を理解している。 2) 個別の学習内容について指導上の留意点を理解している。 3) 当該教科の学習評価の考え方を理解している。 4) 当該教科と背景となる学問領域との関係を理解し，教材研究に活用することができる。 5) 発展的な学習内容について探究し，学習指導への位置付けを考察することができる。	到達目標: 1) 子供の認識・思考，学力等の実態を視野に入れた授業設計の重要性を理解している。 2) 当該教科の特性に応じた情報機器及び教材の効果的な活用法を理解し，授業設計に活用することができる。 3) 学習指導案の構成を理解し，具体的な授業を想定した授業設計と学習指導案を作成することができる。 4) 模擬授業の実施とその振り返りを通して，授業改善の視点を身に付けている。 5) 当該教科における実践研究の動向を知り，授業設計の向上に取り組むことができる。

（教職課程コアカリキュラムの在り方に関する検討会，2017，p.7より筆者作成）

　つまり，各教科の指導法に関する教師の資質能力としては，まず，教科の
目標や育成すべき子どもの資質能力，学習内容とその背景となる学問領域と
の関係，学習評価などについての理解が求められている。また，子どもの認
識や思考，情報機器の活用法，実践研究の動向など，各教科の学習指導理論
についての理解と，それらを踏まえた授業の設計，実施，分析・改善に関す
る授業実践力も求められている。

したがって，教職課程コアカリキュラムを踏まえれば，算数科の指導法に関する教師の資質能力とは，算数科の目標や内容などの理解や，算数科の学習指導理論を踏まえた授業実践力とみることができる。

　このように，これからの算数科の教師に求められる職能を端的に述べれば，算数科の目標を達成するために必要な職能ということができる。つまり，数学的な見方・考え方を働かせ，数学的活動を通して，数学的に考える子どもの資質能力の育成を実現できる職能である。

　特に，算数科の目標の理解，教材研究や子どもの心理を把握する力，子どもが数学的な見方・考え方を働かせて数学的活動に取り組むことを具現化する授業設計力，自分の実践を分析・改善する力，さらには，学び続ける教師としての姿勢などが重要な職能と言える。

参考文献

教職課程コアカリキュラムの在り方に関する検討会（2017）『教職課程コアカリキュラム』.

中央教育審議会（2015）『これからの学校教育を担う教員の資質能力の向上について〜学び合い，高め合う教員育成コミュニティの構築に向けて〜（答申）』.

湊三郎（2002）「授業三型論に基づく教師の数学的資質」『上越数学教育研究』17，pp.1-20.

（木根主税）

Q 63　算数科の教師としての職能成長について説明しなさい

1. 教師のレベル

　杉山（2008）は，教師のレベルとして基本的に３つあると述べている。

　レベル１は，数学的な知識や手続きを子どもに伝え，それを覚えさせることしかできないレベルである。このレベルでは，子どもの学習活動は，教師の話を聞くだけの受動的で暗記中心のものとなる。レベル２は，知識や手続きを覚えることに加え，その意味や理由が分かることを目指すレベルである。このレベルの教師は，知識や手続きだけではなく，その意味や理由も説明するものの，レベル１同様，子どもの学習活動は受動的なものに止まる。

　この２つのレベルには，子どもに「できる」のみを求めるか，「分かる」まで求めるかの違いはあるものの，どちらも教師中心の授業を行うレベルであり，「できる」も「分かる」も，子どもが教師に追随させられる点が共通し，子どもの主体性が尊重されない問題を抱えている。

　これに対して，子どもの主体性を尊重し，子どもの関心や意欲，意志に基づく学習活動を中心とした授業を行うレベルとして，杉山（2008）はレベル３を位置付ける。レベル３の教師は，授業では子どもが学ぶことを助ける役割に徹する教授活動を行い，子ども自ら問いを持ち，発見や創造を行いながら，分かる，できるようになるといった学習活動を中心とした授業を実施する。また，そうした授業を実施するために，既習事項を自在に扱い，柔軟な思考や判断，表現を行う子どもを継続して育成し，子どもによる問題設定・問題解決を可能とする教材研究や授業設計を行うレベルの教師である。

　平成29年改訂学習指導要領では，育成すべき資質能力の３つの柱として，知識及び技能，思考力・判断力・表現力等，学びに向かう力・人間性等が設定された。また，算数科の学びの過程として，子ども自身による算数・数学の問題発見・解決過程としての数学的活動が位置付けられた。

レベル１や２の教師では，知識及び技能を表面的には習得させられるかもしれない。しかし，未知の状況に自ら対応するための思考力・判断力・表現力等の育成や，自ら社会・世界と関わり，よりよい人生を送ろうとする学びに向かう力・人間性等の涵養には，子どもの主体性が発揮される学習活動が不可欠であり，そのためにどのような数学的活動を設計するかが問われてくる。教職人生を通して経験を重ね，教師として学び続けながら，レベル３の教師へとと職能成長を実現させることが必要である。

２．教員のキャリアステージに応じた職能成長

「教員育成指標」という言葉を聞いたことはあるだろうか。これは，初任段階，中堅，ベテラン，管理職や専門職段階など，教員のキャリアステージに応じて身に付けることが求められる職能を明示するものであり，各地の教育委員会と大学その他の関係者で構成された教員育成協議会で協議・調整を行い，各地の実情に応じて整備されるものである（中教審，2015）。現在，各都道府県で独自の教員育成指標が作成されており，例えば，東京都で作成された教員育成指標のうち，学習指導力に関するものが表8-63-1である。

この表では，教員のキャリアステージとして，教諭（基礎形成期・伸長期），主任教諭（充実期），指導教諭，主幹教諭といった成長段階が設定されており，各段階で求められる学習指導力に関する職能が指標として示されている。注目すべき点として，基礎形成期から伸長期にかけての教諭の職能が，１人の教師として必要な学習指導力に関するものなのに対して，主任教諭以降になると，同僚教師や他校の教師の学習指導への関与のための職能が求められている点である。つまり，個人としての教師から，教師集団に貢献できる教師へと，求められる職能もより重い責務に対応できるものが位置付けられている。

こうした位置づけは，他の都道府県の教員育成指標にもみられるものである。さらには，経験を積んだ教師に対して，研究活動に関する職能を求めるところもあり，授業実践についての研究を通して，現場経験に基づく知見を提案できる教師も期待されている。

表8-63-1　東京都公立学校教員の資質向上に関する指標（学習指導力）

成長段階	教諭		主任教諭	指導教諭	主幹教諭
	基礎形成期	伸長期	充実期		
	1～3年目	4年目～	9年目～	11年目～	
学習指導力	・学習指導要領の趣旨を踏まえ，ねらいに迫るための指導計画の作成及び学習指導を行うことができる。 ・児童・生徒の興味・関心を引き出し，個に応じた指導ができる。 ・主体的な学習を促すことができる。 ・学習状況を適切に評価し，授業を進めることができる。 ・授業を振り返り，改善できる。		・児童・生徒の主体的な学習を促し，若手教員の模範となる授業ができる。 ・若手教員の指導上の課題を捉え，助言・提案等ができる。 ・授業改善や授業評価について，実態や課題を捉え，解決策を提案できる。	・自らの授業を積極的に公開するとともに，自校又は他校の求めに応じて授業を観察し，指導助言することができる。 ・教科指導資料等の開発，模範となる教科指導のための教材開発等を行うことができる。	・年間授業計画の実施状況を把握し，学年主任や教科主任に指導・助言できる。 ・学校全体の年間授業計画や授業改善推進プラン，個別指導計画，評価計画等を作成することができる。

（東京都教育委員会，2017より筆者作成）

　これからの算数科の教師には，自身の授業実践に関する職能に加え，キャリアステージが進むに連れて，同僚や後輩教師への指導，さらには，日本の算数教育の発展に貢献する研究活動（研究者としての教師）のための職能も求められてくる。そうした期待に応えるため，算数科の教師としての職能成長をどう実現させるかが課題となる。

参考文献

杉山吉茂（2008）『初等科数学科教育学序説－杉山吉茂講義筆記』東洋館出版社．

中央教育審議会（2015）『これからの学校教育を担う教員の資質能力の向上について～学び合い，高め合う教員育成コミュニティの構築に向けて～（答申）』．

東京都教育委員会（2017）『「東京都公立学校の校長・副校長及び教員としての資質の向上に関する指標」の策定について』．

（木根主税）

Q 64 算数科の教師としての職能成長の方途について説明しなさい

　算数科の教師には，すべての児童に対して，豊かな数学的活動を提供して，数学的な考え方を育成し，数学的に探求する楽しさを知らしめ，豊かな人間性を形成することに寄与することが期待される。すなわち，このことが目指すべき職能成長の理想とする姿と考える。算数科の教師の職能成長の方途として思いつくままにあげると，豊かな数学的活動の体験，学校内外の授業研究会への参加，授業の記録と省察，指導案の作成，研究授業の実施，実践記録や数学教育学会誌の論文に基づく議論，書籍や教育雑誌，教育学や認知心理学関係の論文の輪読，教育ツールの技能習得などがある。授業を計画し，実行し，省察するプロセスに従い，これらを整理すると「教材研究・授業実践・授業分析」のサイクルの中に位置づけることができる。これを「職能成長のサイクル」と呼ぶことにする。「職能成長のサイクル」は教材研究，授業実践，授業分析のいずれからでも始めることができる。ただし，職能成長を続けるためには，このサイクルを回し続けることが必要になる。

　教師自身の豊かな数学的活動の体験を含意する「数学の実体験」は教材研究の一つの方法である。ここでは「数学の実体験」に焦点を当てて考えることにする。教師が数学的活動の楽しさや数学的な考え方のよさを味わっていなければ，「教師が教科書（もしくは教科書の指導書）を読み，児童が問題を解き，教師が正解を言って，○をつけておしまい」のような授業が進められる。その結果「正解はいつも教師がもっている」「より早く，正解することが算数では何より大事」などの授業観や算数観が児童に植え付けられ，中学校に入学する頃には立派な数学嫌いが育つことになりはしないか。逆に数学的活動の楽しさや数学的な考え方のよさを味わっている姿を児童に見せることは，児童を算数・数学の世界に誘う大きなきっかけになる。「数学の実体験」は「数学する人」としてのモデルを児童に示すことになるだろう。さらに，教師が「数学する人」となることは，数学を理解することはもちろん，児童

の学習過程を理解することや，カリキュラムを構想することにつながると考える。

「数学の実体験」は1人でも始められる。例えば，教科書に掲載されている問題をじっくりと眺めてみる。そこには豊かな数学的活動を生み出す教材がたくさんある。例えば，5年生の教科書（藤井，2016）には，異分母分数の大小を比較する問題があり，その次には，それぞれの分数と同じ大きさの異分母分数をいくつか並べて，通分すると異分母分数も大きさを比べることができるという展開が記述されている。

初見者である児童がこの問題（「2/3と3/4はどちらが大きいでしょうか」）に出会ったときにどのように考えるのか考えてみる。「分母と分子に同じ数を加えても分数の大きさは変わらないかもしれない」と考える児童がいるかもしれない。この考えが正しいかどうか通分をせずに調べてみる。$m \neq 0$のとき，$b/a = (b+m)/(a+m)$ が成り立つのは，式変形をすれば，$a = b$のときであることがわかる。これとは別に1/2をはじめの数として，1/2, 2/3, 3/4, 4/5, 5/6, ···のように分子と分母に1ずつ加えた分数を順に並べてみる。この数列を観察すると，n番目の数は，1より$1/n+1$小さい数になっているので，nが大きくなるにつれてその値は1に近づくことがわかる。分子と分母に加える数を2にすれば，先の数列の奇数番目の数列になり，やはり1に近づく。新たに始めの数を1/3にしても同様に1に近づく。このような帰納的な観察を通して，分子と分母に同じ数を加えると元の数より大きくなることや1より小さい分数を始めの数として分子と分母に同じ数を加えていけば1に近づいていくことにも気づく。この気づきから「どうして1に近づくのか」という問いが生まれたら，それを説明してみる。そうすると，算数から数学へと発展していくことになる。「数学の実体験」は，数学者が行うような高度な数学を体験しようと主張するものではない。算数の教科書に関連したテーマを発展することによって得られるようなものである。これによって，教科書に書かれている教材に価値を見いだし，児童の認知過程を踏まえた教材づくりが可能となる。

さらに，今日児童に求められている思考力・判断力・表現力のような高次の

197

学力を育成していくために有効といわれるパフォーマンス課題を体験することや作成することも「数学の実体験」である。なぜなら，パフォーマンス課題とは，「リアルな文脈の中で知識やスキルを応用・総合し使いこなすような課題」であり，十分に構造化されていない課題であるため，課題遂行にあたっては，有効な方略を考えたり，その方略がうまく使えるように課題場面から必要な情報を選び取ったりしながら，状況に柔軟に対応することが求められることになる。そのため，教師にとっても豊かな数学的活動の体験を提供することになるからである。

　それだけではなく，パフォーマンス課題の作成から評価までの一連の取り組みは，教師の職能成長にとって有効な活動となる。まず，①単元全体を見渡し，単元の中核に見当をつける。②本質的な問いに対する理解の状況を明文化し，それに対応するパフォーマンス課題のシナリオを作成する。③学年教師と協議して課題を洗練させて，この課題に対するルーブリック（採点指針）を作成する。この過程では単元の目標を十分に吟味し，単元終了後に児童がどんなパフォーマンス課題を解決できるようにさせたいのかを教師自身が問い直すことになり，適切な単元計画や評価計画を立案する能力を向上させることができる。次に，④実際に児童にパフォーマンス課題を取り組ませた後，学年教師とルーブリックを用いて個々の児童の答案を協議する。⑤パフォーマンス課題やルーブリックに修正を加える。この過程では，評価能力やカリキュラムを構想する能力を向上させることができる。

　小学校教師の中には数学を専攻していない人が少なからずいることを考えると，このような「数学の実体験」を質的にも量的にも豊かにしていくことが職能成長にとって極めて重要であると考える。。

参考文献

神原一之（2018）「数学教師の専門的力量形成に関する実証的研究」広島
　　　　大学学位論文（未刊行）.
藤井斉亮代表（2016）「新編　新しい算数5上」東京書籍.

（神原一之）

Ｑ65　算数科の教師としての職能成長の評価の在り方について説明しなさい

　すべての児童に対して，豊かな数学的活動を提供して，数学的な考え方を育成し，数学的に探求する楽しさを知らしめ，豊かな人間性を形成することに寄与することが算数科の教師として職能成長した理想の姿と考える。この理想の姿に向けて，教室における算数授業を展開できる実践的指導力を向上させることを職能成長と捉えることにする。

　実践的指導力は，授業を計画して，実行し，省察するプロセスに従えば，「教材研究する力」，「授業を実践する力」，「授業を分析する力」などに整理できる。國宗（2016）を参考にして，さらに具体的に表現すると次のような視点が考えられる。

　「教材研究する力」は，①学習過程の理解（例えば，児童が算数を理解し身に付けていく過程を知り，児童の理解の状況を把握している），②数学の理解（例えば，算数を追求する方法を身につけているとともに，算数や数学，他教科に関して広い基礎知識をもち，算数・数学の系統性及び算数と他教科との関係を理解している），③算数カリキュラムと単元の構想（例えば，授業を構想するに当たって，単元という大きな構造の中にそれを位置づけ，単元目標，単元の学習内容とその配列，指導法，評価などを入念に計画している）などが考えられる。

　「授業を実践する力」は，④数学的活動を通した授業展開（例えば，教科や単元の目標を達成するために，児童の実態に応じた数学的活動が行われる場を準備し，授業の展開や指導を工夫する），⑤柔軟な授業展開（例えば，児童の発言やつぶやきを捉えて，児童の反応に即して適切な発問を行い，授業計画を柔軟に変更できる）などが考えられる。

　「授業を分析する力」は，⑥児童の成長の把握（例えば，児童１人１人の成長を的確に把握する。そして，学習改善の方途を児童に示すことができる），⑦指導の成否の把握（例えば，授業の目標が達成された証拠，もしく

は達成されなかった証拠を児童の数学的活動における姿で語ることができる）などが考えられる。更にこれらの観点は具体的な行動として表現することが可能である。漫然と今日の授業は良かった，もしくは，うまくいかなかったと感想を述べることを続けても職能成長は期待できない。したがって，このような分析的な視点をもつことには大きな意味がある。

　ところで，これらの項目が妥当であると仮定して，例えば5段階の尺度（大変よくできる〜全くできない）を設けて一つ一つの項目について回答することで算数科の教師の職能成長を評価することができるだろうか。点数化することはできるだろうが，その総点が実践的指導力を表すものとはいえない。なぜなら観点①の「できる」と観点④「できる」は質的な違いを含むからである。ではそれぞれの観点に重みを付けることができたとして，点数化すれば職能成長を評価することができるだろうか。それでもその結果が職能成長の評価として妥当性を担保しているのかは疑問が残る。なぜなら，算数科の教師としての実践的指導力の背景には，教職に関する高度な専門的知識や教師としての基礎的な授業スキル，人間性などの重要な資質・能力を必要とする。この背景を抜きにして算数科の教師の職能を評価することはできないからである。ではこれらも含めて，さらに分析的な観点を設けて点数化できたら，教師の職能成長は妥当に評価できるのだろうか。企業ではAIによる人事評価が導入されていることを想えば，近い将来教育界にも導入が進み，このような分析的な項目を活用して実践的指導力をかなりの精度で信頼性がある評価ができるようになるという考えもできるだろう。しかしながら，評点をつけることが教師の職能成長の評価ではあるまい。先の分析的視点をもって日々職能成長に活かす形成的評価こそが求められる評価の在り方であろう。

　先の視点はどれも重要ではあるが，中でも「児童の成長の把握」は重要である。繰り返しとなるが，算数科の教師として職能成長した理想の姿は，すべての児童に豊かな数学的活動を提供し，数学的な考え方を育成し，数学的に探求する楽しさを知らしめ，豊かな人間性を形成することに寄与することができることである。つまり，「教材研究する力」と「授業を実践する力」

は，児童の成長につながってこそ本物となる。それゆえ，この高邁な理想に向けて，算数科の教師が指導した児童の成長の姿で自身の職能成長を語ることは妥当であると考える。いくらよい指導をしたと思っても，児童が変わらなければよい指導とはいえない。教師自身が，授業中の児童の学習姿勢の変化，授業外の探求の様子に目を向けてその変容の把握に努め，主観的に評価することが評価の根幹にある。「客観テストの点数が伸びてきた，数学的な表現を用いた記述が豊になってきたこと」などの児童の成長と自身の指導との関連を冷静に分析する。そこには児童の成長も停滞も，算数科の教師のみの責任ではなく，児童と関わる様々な人や環境の影響を受けていることは忘れてはいけない。さらに，その主観的な評価に磨きをかけていくために他者からの評価を取り入れる。その第一は言うまでもなく児童である。授業の理解度や情意に関して児童に評価させた資料を活用することも考えられる。「わからない，おもしろくない」という声は胸に刺さるが，職能成長のチャンスと捉えるべきである。単元末や学期末，年度末において児童たちが「○○先生の算数授業の通知表」を付ける取り組みも考えられる。このような児童からの評価には，教師と児童の間に「成績評価者対被評価者」という関係が内在することに留意する必要がある。加えて，同僚や教育関係者からの客観的な評価も取り入れていく。模擬授業や研究授業を行い，児童の姿で授業を語り合う。彼らの評価から，自分では気づかなかった児童の様子や教室の雰囲気，自身の所作などに気付くことができる。このことは自分が被評価者であるばかりでなく，時に評価者となることも意味する。以上のように，主観的な評価，児童からの評価，同僚からの評価など多面的・多角的な評価を積み重ね，評価の目を鍛え形成的に評価をし続けることが，算数教師としての職能成長の評価の在り方と考える。

参考文献

國宗進（2016）「実践的指導力の育成を重視した数学科教員養成カリキュラムに関する研究（課題番号25381181）」平成25年度〜27年度科学研究費補助金（基板研究（C））研究のまとめ.

（神原一之）

編著者執筆者一覧

［編著者］

蒔苗直道　筑波大学人間系准教授。
　著書：（共著）『新版算数科教育研究』（東洋館出版社，2019 年），（共著）『算数・数学科教育』（一藝社，2015 年）。

松浦武人　広島大学大学院教授，博士（教育学）。
　著書：（単著）『数楽の眼を育てる』（東洋館出版社，2002），（共著）『算数教育の理論と実際』（聖文新社，2010 年）。

［執筆者］（50 音順）

青山和裕　（愛知教育大学准教授）

伊藤伸也　（金沢大学准教授）

今崎　浩　（広島文教大学教授）

神原一之　（武庫川女子大学教授）

木根主税　（宮崎大学大学院准教授）

栗原和弘　（常磐大学助教）

高阪将人　（福井大学大学院講師）

小松孝太郎　（信州大学准教授）

島田　功　（日本体育大学教授）

真野祐輔　（広島大学大学院准教授）

清野辰彦　（東京学芸大学准教授）

髙橋　聡　（椙山女学園大学大学院准教授）

高淵千香子　（島県庄原市立庄原小学校指導教諭）

田中義久　（弘前大学准教授）

茅野公穂　（信州大学教授）

辻　宏子　（明治学院大学教授）

辻山洋介　（千葉大学准教授）

中和　渚　（関東学院大学准教授）

廣田朋恵　（広島県三次市立神杉小学校教諭）

牧野智彦　（宇都宮大学准教授）

松嵜昭雄　（埼玉大学准教授）

宮川　健　　（早稲田大学総合科学学術院教授）
宮脇真一　　（熊本県大津町立大津小学校教頭）
村上良太　　（広島県三原市教育委員会指導主事）
山崎美穂　　（帝京大学講師）

新・教職課程演習　第13巻
初等算数科教育

令和3年3月30日　第1刷発行

編著者　蒔苗直道 ©
　　　　松浦武人 ©
発行者　小貫輝雄
発行所　協同出版株式会社
　　　　〒101-0054　東京都千代田区神田錦町2-5
　　　　　　　　　　電話　03-3295-1341（営業）　03-3295-6291（編集）
　　　　　　　　　　振替 00190-4-94061
印刷所　協同出版・POD工場

ISBN978-4-319-00354-9

新・教職課程演習

広島大学監事 野上智行 編集顧問
筑波大学人間系教授 清水美憲／広島大学大学院教授 小山正孝 監修
筑波大学人間系教授 浜田博文・井田仁康／広島大学名誉教授 深澤広明・広島大学大学院教授 棚橋健治 副監修

全22巻 A5判

協同出版